MW01440642

Cien años
Cien recetas

Primera parte

Cien años Cien recetas. Primera parte.

Autor: Sara Bertha Galicia Flores
Diseño de cubierta y edición: Tamara Paulina Vega Galicia
Ilustraciones: Tamara Paulina Vega Galicia

Primer edición diciembre de 2024
© 2024, de la presente edición: Tamara Vega y Sara Galicia
ISBN: 9798304731591

Queda rigurosamente prohibidas, sin la autorización por escrito de los titulares del copyright, bajo la sanción establecida en las leyes, la reproducción total o parcial de esta obra por cualquier medio o procedimiento informático.

Cien años
Cien recetas

Primera parte

Sara Bertha Galicia Flores

Contenido

Presentación 9
Recomendaciones 11
Símbolos y abreviaturas 13

Ensaladas 14

Ensalada de nopales con aguacate 15
Ensalada de nopales con elote 16
Ensalada de nopales con champiñones 17

Sopas 18

Arroz rojo 19
Arroz blanco 21
Arroz verde 23
Arroz a la jardinera 25
Lentejas con tocino 27
Lentejas con plátano macho 28
Espagueti rojo 29
Espagueti blanco al horno 31

Plato fuerte 32

Albóndigas en salsa de chipotle............35
Albóndigas en salsa verde con habas....37
Cuete Mechado 39
Chiles rellenos con carne molida 41
Romeritos con tortitas de camarón 45
Nopales con charales 47
Coliflor al horno 49
Pollo entero al horno 51
Pastel Azteca 53
Albóndigas de pollo...............................55
Caldo de pollo con verduras..................57
Mixiote de pollo con nopales 59
Caldo de pollo con garbanzos...............61
Caldo Tlalpeño 63
Tortitas de pollo en salsa verde 65
Verdolagas en salsa verde con pollo.....67
Enchiladas verdes..................................69
Enchiladas poblanas..............................71
Entomatadas con pollo 73
Enfrijoladas con pollo............................75
Huazontles 77
Chiles rellenos con queso capeados 79
Chiles rellenos con queso sin capear 81
Chiles en nogada vegetarianos 83
Chiles anchos secos rellenos con queso capeados..85
Nopalitos cambray en salsa verde 87
Coliflor capeada en salsa verde 89

Tamales 92

Tamales de mole 93
Tamales de rajas 95
Tamales de dulce 99
Tamales de frijol 101
Tamales verdes 105

Postres 108

Dulce de zapote 109
Panqué de naranja 111
Budín de elote 113
Dulce de tejocote 115
Manzanas al horno 117

Presentación

Cien años cien recetas es una recopilación del arte familiar culinario con instrucciones sencillas para que cualquier persona interesada en comer rico y saludable, con productos propios del huerto mexicano, prepare verdaderas delicias, que mi madre tuvo a bien hacer día a día para gozo y salud de su familia. Las recetas las conoció de viva voz de su madre y abuela en su tierra natal, un pequeño poblado del Estado de México. Este libro también conmemora cien años del nacimiento de mi madre, quien nació en septiembre de 1924.

Lo importante de este libro son sus exquisitas comidas mexicanas que una madre realizaba a diario para la alimentación de su familia, pero sobre todo su importancia radica en la forma sencilla en que están escritas para que cualquier persona que tenga necesidad de preparar sus propios alimentos, sin experiencia culinaria, pueda hacerlo fácilmente. Incluso se dan a conocer secretos que ayudan a que la estancia en la cocina sea una experiencia agradable y feliz, convirtiendo en un orgullo la preparación diaria de los alimentos para la familia. Además, en las recetas se encuentran ingredientes como verdolagas, huazontles, chile, maíz, jitomate, calabaza, zapote, tejocote, que representan una mínima probadita de la gran gastronomía mexicana.

Queremos que con *Cien años cien recetas* se preserve la memoria gastronómica mexicana y la memoria de una orgullosa madre que a diario cocinaba, se pretende también que esta recopilación de recetas se convierta en un referente cotidiano para entrar a la cocina tradicional mexicana a preparar ricos y nutritivos platillos.

Recomendaciones

1. Siempre entrar a la cocina en paz, con calma, con tiempo, con Amor. Pareciera increíble pero para lograr guisos deliciosos y perfectos, se requiere que el cocinero esté tranquilo, de buen humor. Las abuelas decían que: "los tamales salen pintos por culpa del cocinero", de su mal humor de sus prisas. Que salgan pintos los tamales es una expresión que denota que los tamales o cualquier otro guisado no salió rico o con la consistencia deseada o incluso se hecho a perder, no solo por los ingredientes, sino y sobre todo, por el estado de ánimo del cocinero al momento de la preparación.

2. No abandonar o descuidar la elaboración de los alimentos, pasa, cosa muy común, que los cocineros quieren hacer cinco cosas a la vez, lo que se traduce en accidentes, tanto con los guisos, que se queman, se derraman y se ensucia toda la estufa o peor aún que sea el propio cocinero quien se queme o se corte. ¡Hay que evitar accidentes!

3. La higiene es fundamental para la elaboración de los alimentos, baste decir que todos los utensilios, como las áreas de trabajo deben estar totalmente limpios, prevenir todo lo necesario para mantener la higiene y así evitar enfermedades.

4. Todos los utensilios de cocina deben ser de calidad, porque esto influye en el ahorro de energía y en el resultado final del guiso. Una olla muy delgada de mala calidad, puede ocasionar que se queme nuestra preparación o provocar accidentes. Lo mejor es invertir en adquirir por lo menos una o dos ollas

de acero grueso y con ellas realizar todo el trabajo, será más fácil y los resultados serán excelentes.

5. Sobre los ingredientes es básico que sean frescos, del día y de la mejor calidad. El refrigerador es un gran aliado porque permite mantener los ingredientes por más tiempo frescos así como conservar los guisados.

6. Los condimentos son al gusto del cocinero. En cada receta se sugiere una cantidad para el ajo, la cebolla, el chile, la sal y la pimienta pero pueden modificarse a criterio del cocinero, ya sea aumentarse o disminuirse.

Símbolos y abreviaturas

🕐 Tiempo de preparación   👤 Cantidad de raciones

Abreviaturas empleadas:

kg = kilogramo
gr = gramos
l = litro
ml = mililitro

Medidas estandar:

1 taza = 250 ml
1 cucharada = 15 ml
1 cucharadita = 5 ml

Ensaladas

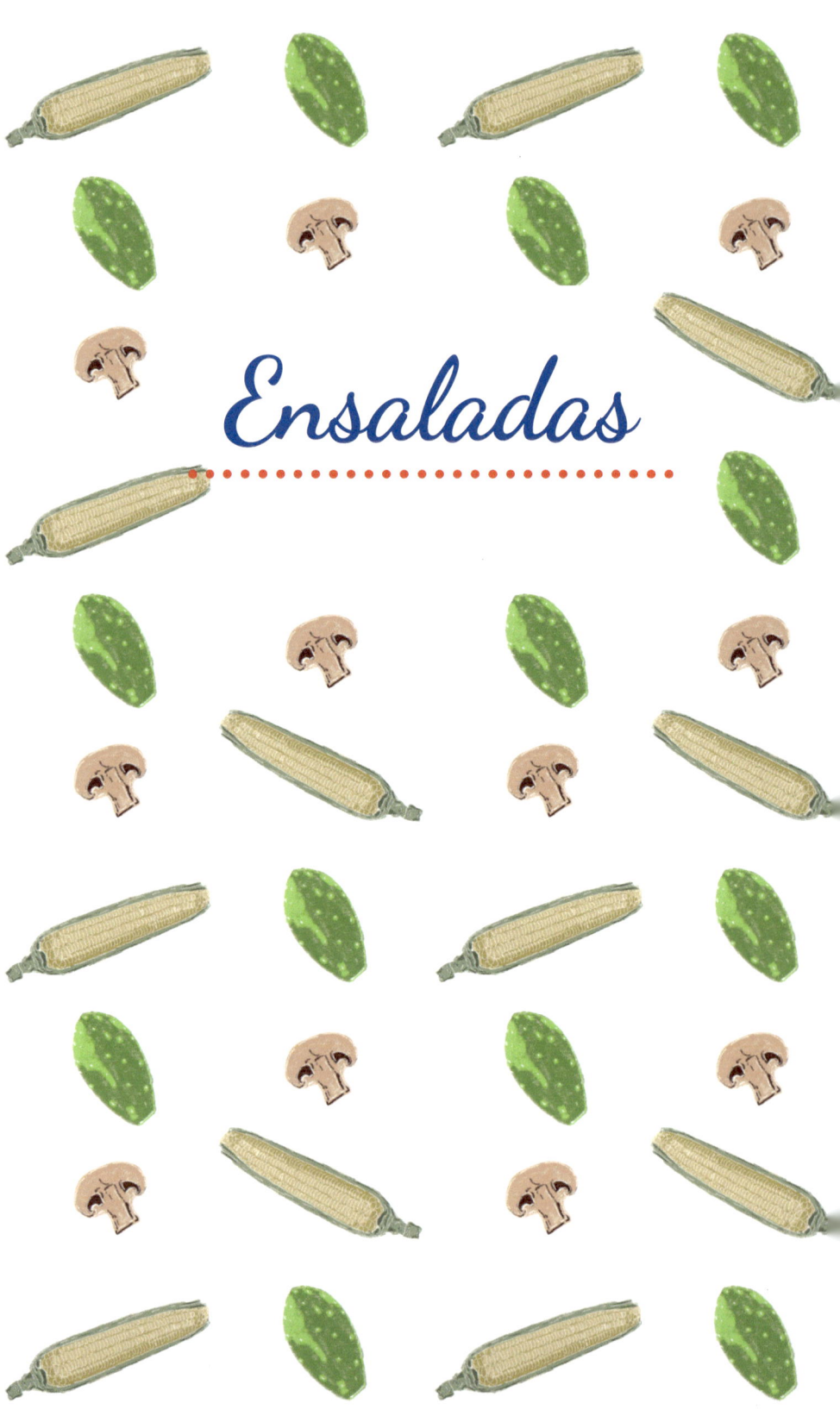

Ensalada de nopales con aguacate

Media hora	4 personas

- Seis nopales limpios
- Tres ramas de cilantro
- 100 gr de queso panela
- Dos jitomates
- Un aguacate grande
- Dos trozos de cebolla
- Un diente de ajo
- Una taza de agua
- Sal al gusto

1. Los nopales se lavan y se secan, se cortan en cubos, se colocan en una olla con cebolla, ajo, cilantro y media taza de agua; llevar al fuego bajo hasta hervir, dejar cocción por diez minutos, apagar el fuego y dejar enfriar.
2. Quitar el exceso de agua con un colador, dejar escurrir por cinco minutos. Reservar.
3. Lavar el jitomate y el aguacate, quitarles la piel con un cuchillo, cortarlos en cubos medianos, un trozo de cebolla cortada en rodajas, el queso se ralla o se corta en cubos pequeños, el cilantro se lava, desinfecta y se pica.
4. En un tazón integrar los nopales, jitomate, aguacate, cilantro, cebolla y sal al gusto, al final integrar el queso.
5. Disfrutar.

Ensalada de nopales con elote

Media hora	4 personas

- Seis nopales limpios
- Una rama de cilantro
- 100 gr de queso panela
- Un trozo de cebolla
- Un diente de ajo
- Una taza de agua
- Sal al gusto
- Dos elotes desgranados
- 20 ml de aceite vegetal
- Una rama de epazote

1. Los nopales se lavan y se secan, se cortan en cubos, se colocan en una olla con cebolla, ajo, cilantro y media taza de agua; llevar al fuego bajo hasta hervir, dejar cocción por diez minutos, apagar el fuego y dejar enfriar.
2. Quitar el exceso de agua con un colador, dejar escurrir por cinco minutos. Reservar.
3. Los elotes desgranados ponerlos en un sartén grande con media taza de agua y cebolla picada, cuando suelte el hervor, añadir los nopales y el aceite vegetal, freír durante diez minutos, agregar sal al gusto y una rama de epazote.
4. Para servir poner toda la mezcla anterior en un tazón y añadir el queso rallado o en cubos .
5. Disfrutar.

Ensalada de nopales con champiñones

Media hora	4 personas

- Seis nopales limpios
- Una rama de cilantro
- 100 gr de queso panela
- Dos trozos de cebolla
- Un diente de ajo
- Una taza de agua
- Sal al gusto
- 500 gr de champiñones
- 20 ml de aceite vegetal
- Una rama de epazote

1. Los nopales se lavan y se secan, se cortan en cubos, se colocan en una olla con cebolla, ajo, cilantro y media taza de agua; llevar al fuego bajo hasta hervir, dejar cocción por diez minutos, apagar el fuego y dejar enfriar.
2. Quitar el exceso de agua con un colador, dejar escurrir por cinco minutos. Reservar.
3. Pelar los champiñones, quitando la piel exterior, lavarlos, secarlos con toallas de papel absorbente y cortarlos en rodajas.
4. En un sartén poner los champiñones, con la cebolla picada tapar, llevar al fuego bajo, cuando empiece a hervir, añadir los nopales, el aceite y sal al gusto, cocer por diez minutos.
5. Para servir poner toda la mezcla anterior en un tazón y añadir el queso rallado o en cubos.
6. Disfrutar.

Sopas

Arroz rojo

🕐 40 minutos	👤 4 personas

- Una taza de arroz
- 300 gr de jitomate
- Un cuarto de cebolla
- Un diente de ajo
- Dos tazas de caldo de pollo o agua
- Sal al gusto
- 250 gr de chícharos
- 30 ml de aceite vegetal
- Una rama de perejil

1. Poner a remojar el arroz en agua fría durante treinta minutos. Al término lavar el arroz al chorro de agua hasta que salga clara el agua. Escurrir el arroz en una coladera por quince minutos.
2. En una olla arrocera o un sartén profundo, añadir el aceite, llevar a fuego lento agregar el arroz, mover con frecuencia suavemente hasta dorar, añadir los chícharos, continuar por unos minutos más el dorado del arroz. Se tiene como regla general siempre trabajar con una taza de arroz por dos tazas de líquido, ya sea caldo o agua.
3. En la licuadora ponemos cebolla, ajo y jitomate moler con una taza de caldo o agua hasta conseguir una consistencia homogénea. Pasar la salsa por un colador. Reservar.
4. Cuando el arroz esté bien dorado añadir el jitomate, agregar el caldo restante y la rama de perejil, sazonar con sal, tapar la olla, continuar la cocción a fuego lento. Se recomienda

ya no mover para nada el arroz, solamente vigilar que se evapore el agua.
5. Revisar con una cuchara, cuando se vea el fondo de la olla sin agua y el arroz haya duplicado su tamaño apagar el fuego.
6. Dejar reposar el arroz sin moverlo y tapado durante treinta minutos.
7. Sirve y disfruta.

Arroz blanco

⏲ 40 minutos   👤 4 personas

- Una taza de arroz
- Un cuarto de cebolla
- Un diente de ajo
- Dos tazas de caldo de pollo o agua
- Sal al gusto
- 250 gr de chícharos
- 30 ml de aceite vegetal
- Una rama de perejil

1. Poner a remojar el arroz en agua fría durante treinta minutos. Al término lavar el arroz al chorro de agua hasta que salga clara el agua. Escurrir el arroz en una coladera por quince minutos.
2. En una olla arrocera o un sartén profundo, añadir el aceite, llevar a fuego lento agregar el arroz, mover con frecuencia suavemente hasta dorar, añadir los chícharos, continuar por unos minutos más el dorado del arroz. Se tiene como regla general siempre trabajar con una taza de arroz por dos tazas de líquido, ya sea caldo o agua.
3. En la licuadora ponemos cebolla, ajo, moler con una taza de caldo o agua hasta conseguir una consistencia homogénea. Pasar la salsa por un colador. Reservar.
4. Cuando el arroz esté bien dorado añadir la salsa de cebolla y ajo, agregar el caldo restante y la rama de perejil, sazonar con sal, tapar la olla, continuar la cocción a fuego lento. Se

recomienda ya no mover para nada el arroz, solamente vigilar que se evapore el agua.
5. Revisar con una cuchara, cuando se vea el fondo de la olla sin agua y el arroz haya duplicado su tamaño apagar el fuego.
6. Dejar reposar el arroz sin moverlo y tapado durante treinta minutos.
7. Sirve y disfruta.

Arroz verde

40 minutos	4 personas

- Una taza de arroz
- Un cuarto de cebolla
- Un diente de ajo
- Dos tazas de caldo de pollo o agua
- Sal al gusto
- 30 ml de aceite vegetal
- Dos ramas de perejil

1. Poner a remojar el arroz en agua fría durante treinta minutos. Al término lavar el arroz al chorro de agua hasta que salga clara el agua. Escurrir el arroz en una coladera por quince minutos.
2. En una olla arrocera o un sartén profundo, añadir el aceite, llevar a fuego lento agregar el arroz, mover con frecuencia suavemente hasta dorar. Se tiene como regla general siempre trabajar con una taza de arroz por dos tazas de líquido, ya sea caldo o agua.
3. En la licuadora ponemos la cebolla, el ajo, el perejil, moler con una taza de caldo o agua hasta conseguir una consistencia homogénea. Pasar la salsa por un colador. Reservar.
4. Cuando el arroz esté bien dorado añadir la mezcla anterior, agregar el caldo restante, sazonar con sal, tapar la olla, continuar la cocción a fuego lento. Se recomienda ya no mover para nada el arroz, solamente vigilar que se evapore el agua.

5. Revisar con una cuchara, cuando se vea el fondo de la olla sin agua y el arroz haya duplicado su tamaño apagar el fuego.
6. Dejar reposar el arroz sin moverlo y tapado durante treinta minutos.
7. Sirve y disfruta.

Arroz a la jardinera

🕐 40 minutos	👤 4 personas

- Una taza de arroz
- Un cuarto de cebolla
- Un diente de ajo
- 300 gr de jitomate
- Dos tazas de caldo de pollo o agua
- 100 gr de chícharos
- 100 gr de zanahoria picada en cubos pequeños
- 100 gr de granos de elote
- Sal al gusto
- 30 ml de aceite vegetal
- Dos ramas de perejil

1. Poner a remojar el arroz en agua fría durante treinta minutos. Al término lavar el arroz al chorro de agua hasta que salga clara el agua. Escurrir el arroz en una coladera por quince minutos.
2. Los chícharos, la zanahoria y los granos de elote se lavan y se ponen a escurrir durante diez minutos. Reservar.
3. En una olla arrocera o un sartén profundo, añadir el aceite, llevar a fuego lento agregar el arroz, mover con frecuencia suavemente hasta dorar, añadir los chícharos, la zanahoria y los granos de elote, continuar por cinco minutos más el dorado del arroz. Se tiene como regla general siempre trabajar con una taza de arroz por dos tazas de líquido, ya sea caldo o agua.
4. En la licuadora ponemos los jitomates, la cebolla, el ajo, moler con una taza de caldo o agua hasta conseguir una consistencia

homogénea. Pasar la salsa por un colador. Reservar.
5. Cuando el arroz esté bien dorado añadir la mezcla anterior, agregar el caldo restante, sazonar con sal, tapar la olla, continuar la cocción a fuego lento. Se recomienda ya no mover para nada el arroz, solamente vigilar que se evapore el agua.
6. Revisar con una cuchara, cuando se vea el fondo de la olla sin agua y el arroz haya duplicado su tamaño apagar el fuego.
7. Dejar reposar el arroz sin moverlo y tapado durante treinta minutos.
8. Sirve y disfruta.

Lentejas con tocino

| 40 minutos | 4 personas |

- 250 gr de lentejas
- Media cebolla
- Una zanahoria
- 300 gr de jitomate
- Un diente de ajo
- 20 ml de aceite de oliva
- Una hoja de laurel
- 50 gr de tocino
- sal al gusto
- Dos tazas de agua

1. Las lentejas se limpian de manera manual y se lavan al chorro del agua. Después se ponen a remojar toda la noche. Se enjuagan con agua y al termino pasamos por un colador. Reservar.
2. Licuar el jitomate, el ajo, y un cuarto de cebolla con dos tazas de agua. Hasta obtener una salsa homogénea. Reservar.
3. Picar la otra mitad de cebolla y la zanahoria en cuadritos.
4. Calentar el aceite en la olla y sofreír la cebolla y la zanahoria a fuego lento por cinco minutos.
5. Picar el tocino en cubos pequeños y añadir a las verduras, freír por cinco minutos más, hasta que el tocino suelte su jugo, agregar la salsa de jitomate.
6. Cuando empiece a hervir el jitomate agregamos las lentejas y la hoja de laurel, cocemos por tres minutos, añadimos una taza de agua. Tapamos la olla, dejamos la cocción por treinta minutos o hasta que las lentejas estén tiernas, si el agua se evapora, agregamos una taza mas de agua.
7. Servir calientes.

Lentejas con plátano macho

⏲ 40 minutos	👤 4 personas

- 250 gr de lentejas
- Un cuarto de cebolla
- 300 gr de jitomate
- Un diente de ajo
- 20 ml de aceite de oliva
- Un plátano macho maduro
- sal al gusto
- Una hoja de laurel

1. Las lentejas se limpian de manera manual para verificar que no tengan basurita, se lavan al chorro del agua.
2. Las lentejas se ponen a remojar toda la noche. Se lavan al chorro del agua, las pasamos por un colador. Reservar.
3. Licuar el jitomate, el ajo, y un cuarto de cebolla con dos tazas de agua. Reservar.
4. Calentar el aceite en la olla, añadir la salsa de jitomate, cuando empiece a hervir agregamos las lentejas y la hoja de laurel, cocemos por tres minutos, añadimos una taza de agua. Tapamos la olla, dejamos la cocción por treinta minutos o hasta que las lentejas estén tiernas, si el agua se evapora agregamos más.
5. El plátano macho se lava y se corta en rodajas, se añade al caldo de lentejas, se mantiene la cocción por diez minutos.
6. Servir bien caliente.

Espagueti rojo

🕐 Media hora	👤 4 personas

- 250 gr de espagueti
- Media cebolla
- 300 gr de jitomate
- Dos dientes de ajo
- Una cucharada de mantequilla
- Una cucharadas de aceite
- 250 gr de crema de leche
- Leche la necesaria
- Sal y pimienta al gusto
- Dos hojas de laurel
- 100 gr de queso manchego

1. En una olla con una taza de agua hirviendo poner los jitomates, ajo, un cuarto de cebolla a cocción por cinco minutos. Apagar y reservar
2. En una olla grande con tres litros de agua, poner a fuego medio, agregar una cucharada de aceite, dos hojas de laurel, un ajo, un cuarto de cebolla y sal. Cuando empiece a hervir añadir el espagueti, cocinar por diez o quince minutos al dente. Apagar el fuego y colar el agua. Reservar.
3. Poner en la licuadora los jitomates, cebolla, ajo, queso manchego, crema y un poco de leche, mezclar hasta conseguir una textura suave.
4. Llevar una olla a fuego lento poner la mantequilla, agregar la salsa anterior y cocinar por cinco minutos, mover con frecuencia, añadir el espagueti, mezclar en forma envolvente, mantener la cocción por tres minutos. Apagar.
5. Servir caliente agregar más queso.

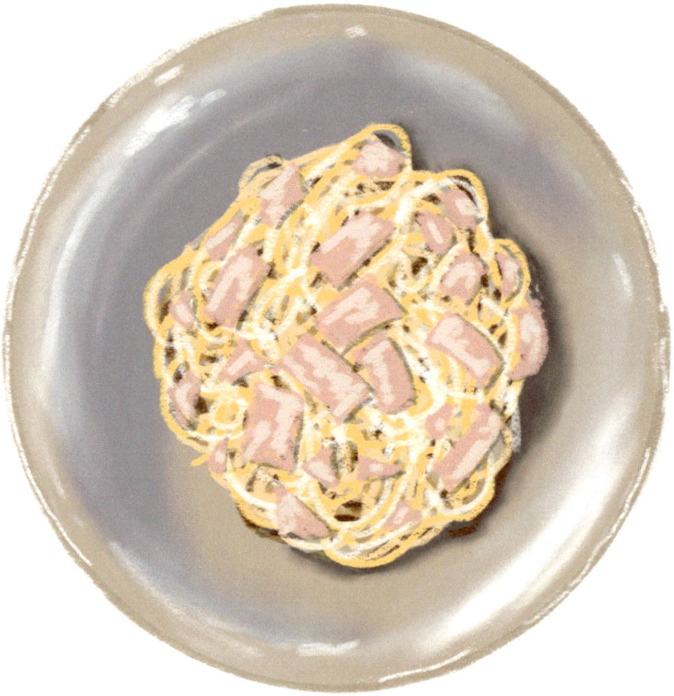

Espagueti blanco al horno

Media hora	4 personas

- 250 gr de espagueti
- Un cuarto de cebolla
- Un diente de ajo
- Una cucharada de mantequilla
- Una cucharada de aceite
- 250 gr de crema de leche
- Leche la necesaria
- Sal y pimienta al gusto
- Dos hojas de laurel
- 100 gr de queso manchego rallado
- 100 gr de jamón de pavo en cubos
- 200 gr de queso crema

1. En una olla grande con tres litros de agua, poner a fuego medio, agrega una cucharada de aceite, dos hojas de laurel, un ajo, un cuarto de cebolla y sal. Cuando empiece a hervir añadir el espagueti, cocinar por diez o quince minutos al dente. Apagar el fuego y colar el agua. Reservar.
2. Poner en la licuadora el queso crema, la crema, una taza de leche y sal, moler hasta obtener una textura suave
3. En un refractario añadir el espagueti, cubrir con la salsa de crema, mezclar de forma envolvente, agregar el jamón en cubos y el queso manchego rallado.
4. Llevar al horno a 180 grados durante veinte minutos. Apagar.
5. Servir caliente, agregar más queso.

Plato fuerte

Albondigón

⏰ 1 hora 30 minutos	👤 4 personas

- 500 gr carne molida de res
- Media cebolla
- Un diente de ajo
- Un huevo crudo para mezclar
- Dos huevos cocidos para relleno
- Dos hojas de laurel
- Sal y pimienta al gusto
- Tres litros de agua
- Trapo de algodón limpio 50x50 cm.
- Un metro de cuerda de algodón o hilo grueso

1. Limpiar un cuarto de cebolla y el diente de ajo, ponerlos en la licuadora junto con el huevo crudo, sal y pimienta al gusto. Triturarlo hasta que se obtenga un pure homogéneo.
2. Poner en un tazón grande la carne molida de Res, agregar el pure anterior; mezclar hasta integrar perfectamente. Reservar.
3. En una olla con dos tazas de agua, la llevamos al fuego, cuando empiece a hervir, introducimos los dos huevos, los cocemos durante 15 minutos; los metemos inmediatamente en un recipiente con dos tazas de agua helada. Ya fríos les quitamos el cascarón. Reservar.
4. En una manta o trapo de cocina de algodón limpio (50 X 50 cm.) extender la carne, colocar los huevos cocidos enteros y enrollar. Amarrar los extremos con una cuerda de algodón.

Plato fuerte

5. En una olla grande poner dos litros de agua al fuego, cuando suelte el hervor agregar el otro cuarto de cebolla, dos hojas de laurel, sal y el albondigón, por una hora. Revisar la cocción, de ser necesario prolongar 10 minutos más.
6. Dejar enfriar. Sacar el albondigón de su envoltura, ponerlo sobre un platón grande o una charola.
7. Cortar el albondigón con un cuchillo con cuidado para obtener rebanadas perfectas.
8. Servir acompañado de una ensalada.

Albóndigas en salsa de chipotle

🕐 1 hora 30 minutos	👤 4 personas

- 500 gr carne molida de Res
- Media cebolla
- Dos dientes de ajo
- Un huevo crudo para mezclar
- Dos huevos cocidos para rellenar
- 5 gr de cominos
- Sal y pimienta al gusto
- Dos litros de agua
- 50 gr de arroz
- 500 gr de tomate verde
- 50 gr de chile chipotle en adobo
- Una cucharada de aceite vegetal

1. Limpiar un cuarto de cebolla y el diente de ajo, ponerlos en la licuadora junto con el huevo crudo, cominos, sal y pimienta al gusto. Triturarlo hasta que se obtenga un pure homogéneo.
2. Poner en un tazón grande la carne molida de Res, agregar el pure anterior; mezclar hasta integrar perfectamente. Reservar.
3. Lavar el arroz, ponerlo en un tazón pequeño con una taza de agua a remojar por 15 minutos, drenar el exceso de agua. Reservar.
4. Llevamos al fuego una olla con dos tazas de agua cuando empiece a hervir introducir los dos huevos, cocción por 15 minutos; los metemos inmediatamente a un recipiente con dos tazas de agua helada. Ya fríos les quitamos el cascarón y los cortamos en cuartos, tendremos 8 pedazos de huevo. Reservar.

Plato fuerte | 35

5. Llevamos al fuego en una olla con dos tazas de agua, los tomates lavados, cebolla y ajo hasta hervir, apagar el fuego y reposar por 10 minutos.
6. Moler en la licuadora, los tomates, ajo, cebolla, chile chipotle, sal, con el agua que se realizó la cocción, hasta obtener una salsa homogénea. Reservar.
7. Llevar al fuego una olla con una cucharada de aceite, verter la salsa sobre un colador de malla fina, freír por 10 minutos; agregar medio litro de agua, a fuego bajo dejar hasta que suelte el hervor. Reservar.
8. La carne que pusimos a macerar le incorporamos el arroz mezclamos y empezamos a formar bolitas o esferas de carne de aproximadamente de 60 gramos; al centro de cada una colocar un trozo de huevo cocido; cerramos la albóndiga a modo que el huevo no se salga. Al final tendremos 8 albóndigas.
9. Las albóndigas ya listas las vamos agregando una por una en la salsa de chipotle, que ya tenemos hirviendo; dejamos la cocción por 40 minutos a fuego bajo, notaras como se van cociendo y que la salsa se hace espesa, si es necesario, agregar media taza de agua y más sal al gusto.
10. Servir con arroz.

Albóndigas en salsa verde con habas

🕐 1 hora 30 minutos | 👤 4 personas

- 500 gr carne molida de Res
- Media cebolla
- Dos dientes de ajo
- Un huevo crudo para mezclar
- Dos huevos cocidos para rellenar
- 5 gr de cominos
- Sal y pimienta al gusto
- Dos litros de agua
- 50 gr de arroz
- 500 gr de tomate verde
- 50 gr de chile serrano
- Una cucharadas de aceite vegetal
- 500 gr de habas verdes cocidas

1. Limpiar un cuarto de cebolla y el diente de ajo, ponerlos en la licuadora junto con el huevo crudo, cominos, sal y pimienta al gusto. Triturarlo hasta que se obtenga un pure homogéneo.
2. Poner en un tazón grande la carne molida de Res, agregar el pure anterior; mezclar hasta integrar perfectamente. Reservar.
3. Lavar el arroz, ponerlo en un tazón pequeño con una taza de agua a remojar por 15 minutos, drenar el exceso de agua. Reservar.
4. Llevamos al fuego una olla con dos tazas de agua cuando empiece a hervir introducir los dos huevos, cocción por 15 minutos; los metemos inmediatamente a un recipiente con dos tazas de agua helada. Ya fríos les quitamos el cascarón

y los cortamos en cuartos, tendremos 8 pedazos de huevo. Reservar.
5. Llevamos al fuego en una olla con dos tazas de agua, los tomates, chiles serranos lavados, cebolla y ajo hasta hervir, apagar el fuego, reposar por 10 minutos.
6. Moler en la licuadora, los tomates, ajo, cebolla, chile serrano, sal, con el agua que se realizó la cocción, hasta obtener una salsa homogénea. Reservar.
7. Llevar al fuego una olla con una cucharada de aceite, verter la salsa sobre un colador de malla fina, freír por 10 minutos; agregar medio litro de agua, a fuego bajo dejar hasta que suelte el hervor. Reservar.
8. Para obtener 500 gr de habas verdes, hay que comprar un kilo de habas en vaina; quitar la vaina. En una olla con dos tazas de agua poner las habas a cocción por 10 minutos; apagar el fuego, dejar reposar otros 10 minutos y quitar esa piel suave que cubre el haba. Reservar.
9. La carne que pusimos a macerar le incorporamos el arroz mezclamos y empezamos a formar bolitas o esferas de carne de aproximadamente de 60 gramos; al centro de cada una colocar un trozo de huevo cocido; cerramos la albóndiga a modo que el huevo no se salga. Al final tendremos 8 albóndigas.
10. Las albóndigas ya listas las vamos agregando una por una en la salsa que ya tenemos hirviendo, también agregamos las habas cocidas; dejamos la cocción por 40 minutos a fuego bajo, notaras como se van cociendo y que la salsa se hace espesa, si es necesario, agregar media taza de agua y más sal al gusto.
11. Servir con arroz.

Cuete Mechado

⏲ 1 hora 30 minutos	👤 4 personas

- 500 gr de cuete mechado de Res en una pieza
- 100 gr de tocino
- Media cebolla
- Dos dientes de ajo
- Sal y pimienta al gusto
- Dos tazas de agua
- 500 gr de jitomate
- Dos cucharadas de aceite vegetal
- Seis zanahorias
- Cuatro papas
- 250 gr de chicharos

1. Cortar en trozos de cinco centímetros el tocino y dos zanahorias limpias y peladas cortarlas en trozos largos y delgados.
2. En una charola, poner la carne mechada, en cada orificio de la carne poner trozos de tocino y trozos de zanahoria.
3. En la olla de presión poner el aceite y la carne a dorar, mover para que el dorado sea homogéneo. Reservar.
4. Lavar y pelar las zanahorias y las papas; cortarlas en cubos, ponerlas en un tazón junto con los chícharos. Reservar.
5. Moler en la licuadora el jitomate limpio, cebolla y ajo con una taza de agua, hasta que se tenga una salsa homogénea. Reservar.
6. En la olla de presión que tiene el cuete mechado ya dorado, verter la salsa de jitomate sobre un colador de malla fina, los chícharos, papas y zanahorias en cubos. Cerrar la olla de presión y realizar la cocción según el instructivo.

Plato fuerte

7. Al término de la cocción, dejar enfriar la olla de presión. Verificar la cocción, sacar el cuete mechado ponerlo sobre una charola y cortar rebanadas con cuidado para obtener rebanadas perfectas.
8. Verificar la cocción, si esta muy espesa la salsa de jitomate agregar media taza de agua y sal al gusto, hervir por cinco minutos.
9. Servir con las verduras, bañando con la salsa de jitomate el cuete mechado.
10. Disfrutar

Chiles rellenos con carne molida

🕐 1 hora   👤 4 personas

- 250 gr de carne molida de res
- 50 gr de pasas
- Media cebolla
- Dos dientes de ajo
- Sal y pimienta al gusto
- Un litro de agua
- 500 gr de jitomate
- 100 ml de aceite vegetal
- Cuatro chiles poblanos grandes
- Tres huevos
- 50 gr de harina de trigo

1. Los chiles poblanos lavados y secos, se ponen al fuego sobre un comal, cuando la piel se vea asada dar la vuelta al chile, asar todo el chile; apagar el fuego. Inmediatamente meter los chiles a una bolsa de plástico, poner encima un trapo de cocina humedecido en agua caliente, reposar por una hora.
2. Sacar los chiles de la bolsa, limpiarlos desprendiendo la piel asada; abrir el chile con un cuchillo unos tres centímetros, por un lado, con una cuchara sacar las semillas, llevar al chorro de agua para limpiar el chile.
3. En un tazón con dos tazas de agua y una cucharada de sal, meter los chiles limpios a desflemar por una hora (solo si se quiere quitar el picante).
4. En un tazón limpio y seco poner tres claras de huevo, con un tenedor batir vigorosamente hasta alcanzar punto de nieve

Plato fuerte

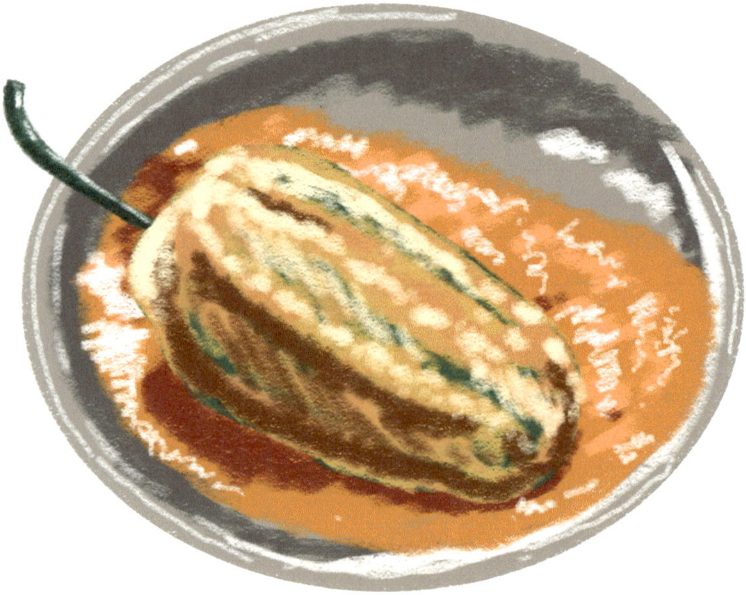

(usar batidora); agregar las yemas, continuar batiendo en forma envolvente hasta integrar las yemas.

5. Llevar un sartén a fuego bajo con una cucharada de aceite, agregar cebolla y ajo picado finamente, acitronar. Después poner la carne molida, cocinar por 15 minutos, moviendo constantemente, agregar las pasas, tapar y dejar la cocción por otros diez minutos. Apagar el fuego.
6. Los chiles limpios y secos se rellenan con la carne molida. Reservar.
7. La harina colocarla extendida sobre un plato plano y cubrir cada chile muy bien de harina.
8. En un sartén poner aceite y llevar al fuego; teniendo el chile enharinado lo pasamos por el huevo, lo impregnamos y lo ponemos de inmediato a freír en el sartén; después de dos minutos, volteamos el chile, para que se fría por todos lados; seguir el mismo proceso con cada chile.
9. Al sacar el chile del sartén, ponerlo sobre papel absorbente. Reservar.
10. En la licuadora poner el jitomate, la cebolla y el ajo, licuar hasta obtener una salsa homogénea. Pasar la salsa sobre un colador.
11. En una olla con una cucharada de aceite poner la salsa de jitomate a freír; cuando suelte el hervor agregar uno a uno los chiles, dejar en cocción por 15 minutos. Verificar cocción y sal, si es necesario cocinar cinco minutos más.
12. Servir con arroz.

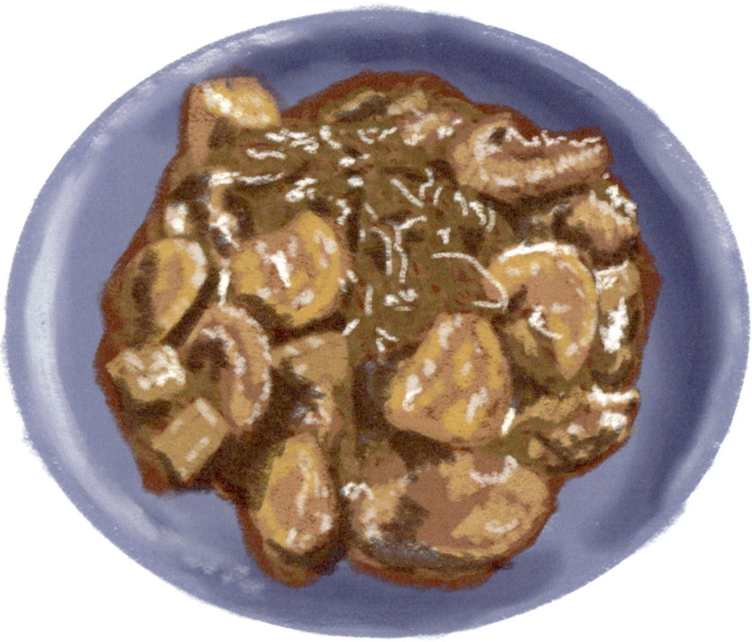

Romeritos con tortitas de camarón

2 horas	6 personas

- 1 Kg de romeritos
- 250 gr de camarón seco
- Dos huevos frescos
- 500 gr de mole almendrado en polvo
- 500 gr de nopales
- 500 gr de papita cambray
- Un diente de ajo
- Un cuarto de cebolla blanca
- Una rama de cilantro
- 750 ml de caldo de pollo
- Agua la necesaria
- Sal al gusto
- Aceite el necesario

1. Los romeritos se limpian rama por rama, se quita el tallo; dejar las hojas y los tallos tiernos.
2. Los romeritos se ponen en un escurridor al chorro del agua por dos o tres minutos, moviéndose con frecuencia, hasta quedar limpios.
3. En una olla grande con dos litros de agua, poner los romeritos limpios y drenados, llevar la olla al fuego medio cuando empiece a hervir, dejar la cocción por diez minutos; apagar, dejar enfriar, después drenar el exceso de agua. Reservar.
4. El mole hidratarlo con el caldo de pollo, mover hasta integrar. Dejar reposar por diez minutos y agregar 2 tazas de agua.
5. En una olla poner una cucharada de aceite, llevar a fuego suave, agregar el mole hidratado, mover con frecuencia, cuando suelte el hervor, seguir la cocción por diez minutos, sin dejar de mover. Apagar el fuego. Reservar.

6. Los nopales se lavan y secan, se cortan en cubos aproximadamente un centímetro de lado.
7. Poner todos los nopales ya en cubos, en una olla con la cebolla, el ajo, cilantro y media taza de agua; llevar al fuego bajo hasta hervir, dejar cocción por diez minutos. Apagar el fuego y dejar enfriar. Quitar el exceso de agua con un colador, dejar escurrir por cinco minutos, reservar.
8. La papita cambray se lava y se pone en una olla con un litro de agua, se lleva al fuego medio a cocción por veinte o veinticinco minutos o hasta que la papita este suave, dejar enfriar.
9. Quitar la piel a cada papita, cortar por la mitad o en cuartos, según observemos el tamaño de la papa, reservar.
10. El camarón, un día antes ponerlo a deshidratar sobre un colador al sol directo, por cuatro horas.
11. Al día siguiente, se limpia cada camarón; quitando la cabeza y las patitas. Usar solo el cuerpo para hacer las tortitas.
12. Llevar el camarón a la licuadora a moler, hasta obtener un polvo.
13. En un tazón chico poner el camarón molido, agregar dos huevos frescos, mezclar y obtener una masa suave. Hacer bolitas medianas y aplastarlas un poco; hasta terminar toda la masa.
14. En un sartén ponemos aceite para freír las tortitas de camarón que ya tenemos, freírlas por ambos lados hasta que queden doraditas. Sacar cada tortita del aceite y las ponemos sobre toallas de papel absorbente.
15. Tomar la olla con el mole llevarlo nuevamente al fuego bajo, agregar los romeritos, la papita, los nopales; dejar hervir por diez minutos, si espesa demasiado agregar una taza de agua hervida o caldo de pollo, continuar con la cocción, al final agregar las tortitas de camarón. Apagar.
16. Servir en un platón.

Nopales con charales

⏱ 1 hora	👤 4 personas

- Cinco nopales
- 250 gr de charales
- Media cebolla
- Un diente de ajo
- Sal y pimienta al gusto
- Un litro de agua
- 500 gr de tomate
- 20 ml de aceite vegetal
- Cuatro chiles serranos
- Una rama de cilantro
- 250 gr de papa

1. Los nopales se lavan y se secan, se cortan en cubos pequeños. Se colocan en una olla con cebolla, ajo, cilantro y media taza de agua; llevar al fuego bajo hasta hervir, dejar cocción por diez minutos, apagar el fuego y dejar enfriar. Quitar el exceso de agua con un colador, dejar escurrir por cinco minutos.
2. La papa se lava. En una olla poner la papa con medio litro de agua, llevar al fuego cuando empiece a hervir, dejar la cocción por 10 minútos. Dejar enfriar y quitar la piel a cada papa, después cortar en cubos. Reservar.
3. Lavar los tomates y chiles serranos, ajo, cebolla, ponerlos en una olla con una taza de agua llevarlos al fuego bajo hasta hervir, permitir la cocción por tres minutos; apagar el fuego. Dejar enfriar, mínimo diez minutos.
4. Llevar a la licuadora los tomates, chiles, ajo, cebolla, cilantro fresco; moler hasta tener una salsa homogénea. Colar la salsa. Reservar.

5. Los charales se lavan y se les corta la cabeza. Reservar.
6. Agregar la salsa en una olla con una cucharada de aceite, llevarla al fuego bajo, cuando empiece a hervir, poner los nopales, papa y charales, mantener la cocción por veinte minutos, verificar su consistencia, y si es necesario agregar media taza de agua y dejar hervir otros cinco minutos.
7. Servir con arroz y frijoles.

Coliflor al horno

1 hora	4 personas

- Una cabeza de coliflor
- 250 gr de queso manchego rallado
- 100 ml de aceite oliva
- Agua la necesaria
- Sal al gusto
- Dos ramas de perejil
- 10 gr de ajo en polvo
- Papel aluminio

1. Limpiar la coliflor, cortar racimos pequeños, ponerla en una olla con dos litros de agua, llevar al fuego bajo a hervir por diez minutos. Reservar.
2. Poner a marinar en un tazón, perejil finamente picado, agregar el aceite de oliva, el ajo en polvo, sal al gusto y queso manchego rallado mezclar todo. Reservar.
3. En un refractario colocamos la coliflor, la cubriremos de manera uniforme con la salsa para marinar, asegurando que penetra en los floretes, cubrir el refractario con papel aluminio, dejar marinando por una hora.
4. Llevar al horno a 180 grados por 20 minutos.
5. Quitar el papel aluminio y dejar diez minutos más en el horno para dorar. Apagar.
6. Para servir agregar queso manchego rallado, acompañado de papas al horno.
7. A comer.

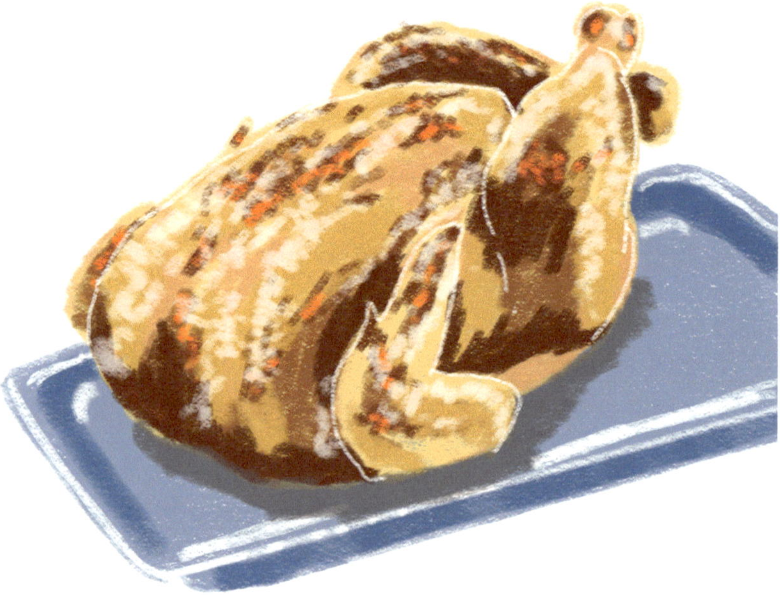

Pollo entero al horno

3 horas | **6 personas**

- Un pollo entero limpio, sin vísceras, cabeza ni patas.
- 500 ml de jugo de naranja natural
- Sal al gusto
- Dos papas cortadas en cubos
- Dos zanahorias cortadas en cubos
- 100 gr de chícharos pelados
- 100 gr de pasas
- 100 gr de almendras fileteadas
- 100 gr de nueces picadas
- 100 gr de arándanos
- Dos manzanas cortadas en cubos
- Dos peras cortadas en cubos
- Papel aluminio

1. Relleno, en un tazón poner las papas, zanahorias, chícharos, pasas, almendras, nueces, arándanos, manzanas y peras todo cortado en cubos. Agregar el jugo de naranja, dejar macerar por una hora. Reservar.
2. Limpiar el pollo, lavarlo al chorro de agua, secarlo con servilletas de papel. Reservar.
3. Cubrir un refractario grande, con papel aluminio.
4. Colocar el pollo sobre el refractario y rellenarlo con las verduras y frutos que ya están macerados en jugo de naranja. Cubrir el pollo con papel aluminio.
5. Llevar el refractario al horno por dos horas a 200 grados, al término del tiempo revisar la cocción, pinchando con un

tenedor la pechuga, si sale sangre o se ve rosada la carne, mantener la cocción por treinta minutos más, cubrir otra vez el pollo con el papel aluminio. Revisar nuevamente, si sale el tenedor limpio y la carne se ve cocida, quitar el papel aluminio y mantenerlo en el horno por quince minutos. Cuando el pollo se vea dorado, con una cuchara tomar los jugos de la cocción, vertemos sobre el pollo, para que el dorado sea más homogéneo. Apagar el horno.
6. Reposar el pollo en el horno por quince minutos.
7. El relleno que sobró se guarda en un refractario pequeño y se hornéa junto con el pollo.
8. Llevar el pollo a la mesa, partirlo en piezas y servir con el relleno.
9. A disfrutar.

Pastel Azteca

🕐 1 hora | 👤 6 personas

- Una pechuga de pollo cocida y deshebrada
- Quince tortillas fritas en aceite
- 500gr de jitomate
- Media cebolla
- Sal al gusto
- 250 gr de queso panela rallado
- 250 ml de crema acida
- Un aguacate
- Una cucharada de aceite
- Un litro de agua

1. En una olla poner un litro de agua, la pechuga de pollo, cebolla, ajo, llevar a fuego medio, hasta hervir, dejar la cocción por treinta minutos, apagar el fuego, dejar enfriar. Reservar.
2. En otra olla hervir el jitomate, ajo, cebolla, con una taza de agua; hasta que los jitomates cambien de color. Apagar el fuego, dejar enfriar. Reservar.
3. La pechuga de pollo cocida, le quitamos la piel y el exceso de grasa, procedemos a deshebrarla con las manos limpias. Reservar.
4. Llevar a la licuadora los jitomates, ajo, cebolla con el agua de la cocción, agregar sal y pimienta al gusto; molerlo hasta que quede una salsa homogénea. Colar.
5. En un sartén poner una cucharada de aceite y la salsa de jitomate, llevar a fuego, hasta que suelte el hervor, dejar freír por diez minutos, la salsa debe quedar espesa. Reservar.

6. Freír las tortillas sin dejar que se doren.
7. En un refractario para horno distribuir por capaz: Primera capa, tortilla frita. Segunda capa, pechuga deshebrada. Tercera capa, salsa de jitomate. Cuarta capa, queso rallado y crema. Repetir el proceso, hasta llenar todo el refractario, tapar con papel aluminio.
8. Meter al horno a 180 grados el refractario durante veinte minutos, verificar la cocción.
9. Servir en un plato el pastel azteca acompañado de rebanadas de aguacate, agregar mas queso y crema.
10. Disfrutar.

Albóndigas de pollo

🕐 1 hora | 👤 4 personas

- 500 gr de pechuga de pollo molida
- Media cebolla
- Dos dientes de ajo
- Sal y pimienta al gusto
- 5 gr de cominos
- Un huevo crudo
- 50 gr de arroz
- 500 gr de tomate
- 50 gr de chile serrano
- Una rama de cilantro
- Dos huevos cocidos
- Dos tazas de agua

1. Llevar a la licuadora un cuarto de cebolla, un diente de ajo, sal y pimienta al gusto, cominos, huevo crudo. Triturarlo hasta que se obtenga un puré homogéneo.
2. La carne molida de pollo ponerla en un tazón, agregar el puré anterior , mezclar hasta integrar. Reservar.
3. Lavar el arroz, ponerlo en un tazón pequeño con una taza de agua a remojar por 15 minutos, drenar el exceso de agua. Reservar.
4. Llevamos al fuego una olla con dos tazas de agua cuando empiece a hervir introducir los dos huevos, cocción por 15 minutos; los metemos inmediatamente a un recipiente con dos tazas de agua helada. Ya fríos les quitamos el cascarón y los cortamos en cuartos, tendremos 8 pedazos de huevo. Reservar.

Plato fuerte

5. Llevamos al fuego en una olla con una taza de agua, los tomates, chiles serranos, cebolla y ajo hasta hervir, apagar el fuego y reposar por 10 minutos.
6. Moler en la licuadora, los tomates, ajo, cebolla, chile serrano, la rama de cilantro, sal, con el agua que se realizó la cocción, hasta obtener una salsa homogénea. Reservar.
7. Llevar al fuego una olla con una cucharada de aceite, verter la salsa sobre un colador de malla fina, freír por 10 minutos; agregar medio litro de agua, a fuego bajo dejar hasta que suelte el hervor. Reservar.
8. La carne que pusimos a macerar le incorporamos el arroz mezclamos y empezamos a formar bolitas o esferas de carne de aproximadamente de 60 gramos; al centro de cada una colocar un trozo de huevo cocido; cerramos la albóndiga a modo que el huevo no se salga. Al final tendremos 8 albóndigas.
9. Las albóndigas ya listas las vamos agregando una por una en la salsa de chile serrano, que ya tenemos hirviendo; dejamos la cocción por 40 minutos a fuego bajo, notaras como se van cociendo y que la salsa se hace espesa, si es necesario, agregar media taza de agua y más sal al gusto.
10. Servir con arroz y frijoles refritos.

Caldo de pollo con verduras

🕐 1 hora	👤 4 personas

- Tres guacales de pollo sin piel
- Cuatro piernas de pollo
- Dos hojas de hierbabuena
- Media cebolla
- Un diente de ajo
- Cuatro litros de agua
- Sal de grano al gusto
- Dos zanahorias en cubos
- Dos calabacitas en cubos
- Dos papas en cubos
- Un limón
- Un aguacate

1. Limpia los guacales, ponerlos en una olla con dos litros de agua agregar hierbabuena, un cuarto cebolla, un ajo, tapar y dejar hervir por diez minutos a fuego bajo. Retirar del fuego y dejar enfriar, colar el caldo en un recipiente y refrigerar una noche. Reservar.
2. Al día siguiente retira la grasa del caldo con una cuchara, agrega el caldo a una olla a fuego bajo, agregar las piernas, las verduras (zanahoria, calabacitas, papas) y dos litros más de agua, cocción por treinta minutos, verificar cocción y sabor, añadir sal al gusto.
3. Servir con jugo de limón, cebolla picada, cilantro picado, salsa verde al gusto y aguacate.
4. A disfrutar.

Plato fuerte

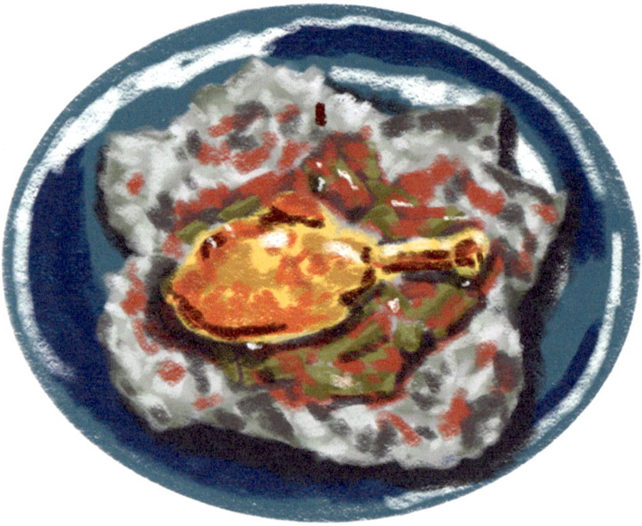

Mixiote de pollo con nopales

⏱ 2 horas   👤 6 personas

- Seis piernas o muslos de pollo
- Seis nopales medianos
- Tres dientes de ajo
- Una cebolla blanca
- Una rama de cilantro
- Dos cucharadas de vinagre de manzana
- Diez chiles guajillo
- Tres chiles chipotles secos
- Tres pimientas gordas
- Tres clavos de olor
- Aceite de oliva el necesario
- Seis hojas de plátano
- Papel aluminio
- Una hoja santa
- Seis hojas de laurel
- 5 gr de orégano
- Un litro de agua

1. Llevar a la licuadora media cebolla, un ajo, vinagre y sal; moler hasta tener una salsa homogénea.
2. En un tazón grande poner las piezas de pollo y marinar con la salsa anterior. Reservar.
3. En un sartén con aceite de oliva dorar los chiles, los ajos y un cuarto de cebolla.
4. En la licuadora poner los chiles, ajo, cebolla, pimienta, clavos, y una taza de agua, licuar hasta obtener una salsa homogénea. Colar la salsa.
5. En un sartén con aceite freír la salsa, diez minutos, después de que suelte el hervor. Esperar a que se enfríe. Reservar.
6. En un tazón grande poner la salsa fría y el pollo marinado,

Plato fuerte | 59

incorporar de manera envolvente. Dejar marinar durante toda la noche. Reservar.
7. Los nopales se lavan y secan con papel absorbente, se cortan en cubos pequeños.
8. Poner todos los nopales, ya en cubos en una olla con un cuarto de cebolla, ajo, cilantro y media taza de agua; llevar al fuego bajo hasta hervir, dejar la cocción durante diez minutos. Apagar el fuego y dejar enfriar. Reservar.
9. Quitar el exceso de agua con un colador, dejar escurrir por cinco minutos. Incorporar los nopales al pollo, mezclar.
10. Las hojas de plátano se lavan y se cortan en cuadros de aproximadamente 30 X 30 cm. En agua hirviendo se sumergen por diez minutos, se sacan las hojas y se dejan enfriar. Se puede usar papel encerado en sustitución de la hoja de plátano.
11. Cortar cuadrados de 30 X 30 cm., de papel aluminio.
12. Para elaborar el mixiote: tomar una hoja de aluminio, encima poner una hoja de plátano, colocar el pollo, los nopales, una hoja de laurel, un cuarto de hoja santa y un cuarto de hoja de aguacate. Se dobla la hoja de plátano junto con el papel aluminio, formando un rectángulo, asegurándose de que el relleno quede envuelto completamente, cerrando el mixiote sobreponiendo cada lado de la hoja. Repetir la operación hasta concluir todo el pollo macerado.
13. Verter en una olla vaporera grande, unos tres litros de agua, colocar la rejilla de vapor, y sobre esta distribuir los mixiotes, al final poner más hojas de plátano, y una bolsa de plástico para conservar el vapor; poner la tapa a la olla, cocción por una hora o hasta que el pollo este suave.
14. Servir calientito, con la hoja de plátano en el plato. Cada comensal abre su mixiote en su plato.
15. A disfrutar.

Caldo de pollo con garbanzos

🕐 1 hora	👤 4 personas

- Tres guacales de pollo sin piel
- Cuatro piernas de pollo
- Dos hojas de hierbabuena
- Media cebolla
- Un diente de ajo
- Cuatro litros de agua
- Sal de grano al gusto
- 100 gr de garbanzos
- Un limón
- Un aguacate

1. Limpia los guacales, ponerlos en una olla con dos litros de agua agregar hierbabuena, un cuarto de cebolla, un ajo, tapar y dejar hervir por diez minutos a fuego bajo. Retirar del fuego y dejar enfriar, colar el caldo en un recipiente y refrigerar una noche. Reservar.
2. Poner en remojo los garbanzos durante toda la noche en un litro de agua. Al día siguiente lavar los garbanzos y ponerlos en una olla a cocción con medio litro de agua por 20 minutos aproximadamente, hasta que se suavicen. Reservar.
3. Al día siguiente retira la grasa del caldo con una cuchara, agrega el caldo a una olla a fuego bajo, agregar las piernas, garbanzos y dos litros más de agua, cocción por treinta minutos, verificar cocción y sabor, añadir sal al gusto.
4. Servir con jugo de limón, cebolla picada, cilantro picado y salsa verde al gusto y un aguacate.
5. ¡A comer!

Plato fuerte

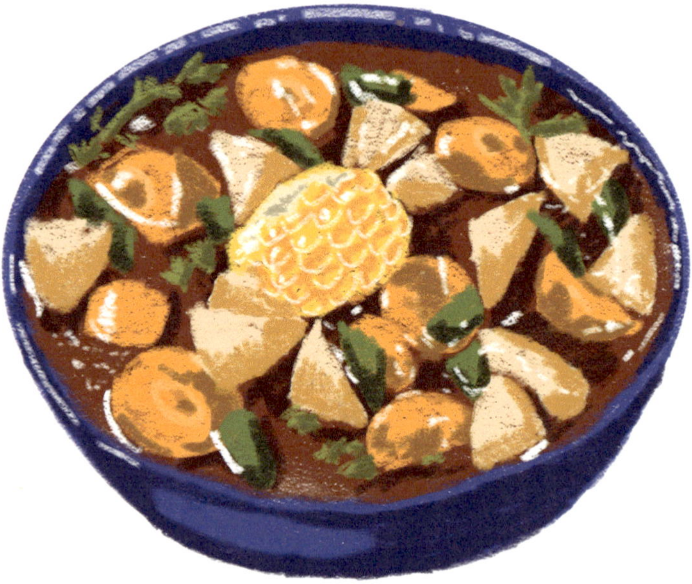

Caldo Tlalpeño

🕐 1 hora	👤 4 personas

- Tres guacales de pollo sin piel
- Una pechuga de pollo
- Dos hojas de hierbabuena
- Una cebolla
- Tres dientes de ajo
- Cuatro litros de agua
- Sal de grano al gusto
- Dos zanahorias
- Tres jitomates
- Dos calabacitas
- Dos chiles chipotle secos
- 100 gr queso manchego
- Un aguacate
- Dos elotes
- Dos cucharadas de aceite vegetal
- Una rama de epazote
- Un limón

1. Limpia los guacales, ponerlos en una olla con dos litros de agua agregar hierbabuena, un cuarto de cebolla, un ajo, tapar y dejar hervir por diez minutos a fuego bajo. Retirar del fuego y dejar enfriar, colar el caldo en un recipiente y refrigerar una noche. Reservar.
2. En una olla poner un litro de agua, la pechuga de pollo con un ajo y un cuarto de cebolla, llevar a cocción por treinta minutos a fuego medio. Al término, apagar el fuego, dejar enfriar y desmenuzar la pechuga. Reservar.
3. Limpiar e hidratar los chiles chipotles en agua hirviendo.
4. Cortar el queso y el aguacate en cubos. Reservar.
5. Cortar en cubos, la zanahoria y las calabacitas. Reservar.

6. Los elotes cortarlos por la mitad.
7. Para la salsa en un sartén con dos cucharadas de aceite, freír los jitomates, ajo y cebolla hasta dorar. Llevar a la licuadora los chiles chipotles hidratados, los jitomates, ajo, cebolla y epazote moler hasta obtener una salsa homogénea.
8. Al día siguiente retira la grasa del caldo con una cuchara, agrega el caldo a una olla a fuego bajo, agregar la pechuga de pollo desmenuzada las zanahorias, calabacitas, los elotes y un litro de agua. Cocción por diez minutos.
9. Agregar la salsa a la olla del caldo, continuar la cocción diez minutos más.
10. Servir en platos hondos y decorar con aguacate y queso en cubos.
11. Disfrutar

Tortitas de pollo en salsa verde

1 hora	4 personas

- Una pechuga de pollo
- 50 gr de harina de trigo
- Media cebolla
- Dos dientes de ajo
- 200 ml del caldo de la cocción de la pechuga
- Sal y pimienta al gusto
- Aceite el necesario para freír
- Cuatro huevos, separar claras de yemas
- Ocho tomates
- Cuatro chiles serranos
- Una rama de cilantro

1. En una olla poner un litro de agua, la pechuga de pollo con un ajo y un cuarto de cebolla, llevar a cocción por treinta minutos a fuego medio. Al término, apagar el fuego, dejar enfriar y desmenuzar la pechuga. Reservar.
2. En un tazón muy limpio y seco poner las cuatro claras, con un tenedor batir hasta alcanzar punto de nieve, se puede usar batidora, agregar las yemas y continuar batiendo en modo envolvente hasta integrar. Reservar.
3. En un tazón poner el pollo desmenuzado, la harina de trigo tamizada, sal y pimienta, mezclar.
4. Poner a fuego bajo un sartén con aceite, tomar con una cuchara una porción de pollo, pasarla por el huevo para inmediatamente incorporar al sartén, dando forma de tortitas, cocinar por ambos lados por cuatro minutos, hasta que tenga un ligero tono dorado.

Plato fuerte

5. Fríe todas las tortitas, colocarlas encima de papel absorbente, para retirar el exceso de grasa. Reservar.
6. Llevamos al fuego en una olla con dos tazas de agua, los tomates, chiles serranos, un cuarto de cebolla y un ajo hasta hervir, apagar el fuego y reposar por 10 minutos.
7. Moler en la licuadora, los tomates, ajo, cebolla, chile serrano, la rama de cilantro, sal, con el agua que se realizó la cocción, hasta obtener una salsa homogénea.
8. Llevar al fuego una olla con una cucharada de aceite, verter la salsa sobre un colador de malla fina, freír por 10 minutos; agregar el caldo de pollo, cocinar a fuego bajo dejar hasta que suelte el hervor. Agregar las tortitas, cocinar por diez minutos.
9. Servir con arroz

Verdolagas en salsa verde con pollo

1 hora	6 personas

- Seis piernas de pollo
- 1 kg de verdolagas
- Media cebolla
- Un diente de ajo
- 500 gr de tomate
- Sal y pimienta al gusto
- Una cucharada de aceite
- Cuatro chiles serranos
- Una rama de cilantro
- 200 ml de caldo de pollo

1. Las verdolagas se limpian rama por rama, se quita el tallo, deja las hojas y los tallos tiernos. Se lavan en un escurridor al chorro del agua por tres o cuatro minutos. Reservar.
2. Llevamos al fuego en una olla con dos tazas de agua los tomates, chiles serranos, cebolla y ajo hasta hervir, apagar el fuego y reposar por 10 minutos.
3. Moler en la licuadora, los tomates, ajo, cebolla, chile serrano, la rama de cilantro, sal, con el agua que se realizó la cocción, hasta obtener una salsa homogénea.
4. Llevar al fuego una olla con dos cucharadas de aceite, verter la salsa sobre un colador de malla fina, freír por 10 minutos; agregar el caldo de pollo, cocinar a fuego bajo dejar hasta que suelte el hervor. Agregar las verdolagas y las piernas de pollo, dejar la cocción por treinta minutos a fuego bajo.
5. Revisar la cocción agregar sal al gusto.
6. Servir con arroz.

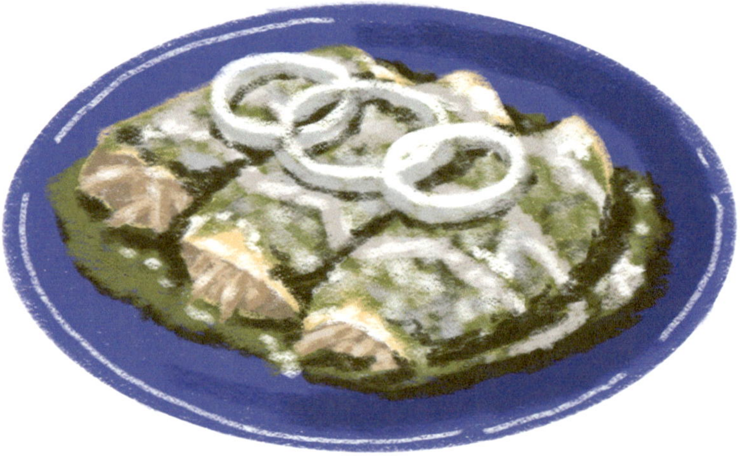

Enchiladas verdes

1 hora | **4 personas**

- Una pechuga de pollo
- Media cebolla
- Dos dientes de ajo
- Sal y pimienta al gusto
- 500 ml de caldo de pollo
- 500 gr de tomate
- Dos cucharadas de aceite vegetal
- Cinco chiles serranos
- Una rama de cilantro
- 250 gr de crema de leche
- 20 piezas de tortillas de maíz
- 250 gr de queso manchego

1. En una olla poner un litro de agua, la pechuga de pollo con un ajo y un cuarto de cebolla, llevar a cocción por treinta minutos a fuego medio. Al término, apagar el fuego, dejar enfriar y desmenuzar la pechuga. Reservar.
2. Llevamos al fuego en una olla con una taza de agua los tomates, chiles serranos, un cuarto de cebolla y un ajo hasta hervir, apagar el fuego y reposar por 10 minutos.
3. Moler en la licuadora, los tomates, ajo, cebolla, chile serrano, la rama de cilantro, sal al gusto, crema de leche, con el agua que se realizó la cocción, hasta obtener una salsa homogénea.
4. Llevar al fuego una olla con una cucharada de aceite, verter la salsa sobre un colador de malla fina, freír por 10 minutos; agregar el caldo de pollo, cocinar a fuego bajo, dejar hasta que hierva. Dejar que se espese la salsa.

Plato fuerte

5. Cada tortilla caliente rellenarla con la pechuga de pollo desmenuzada, enrollarla a modo de taco, hacer este proceso con todas las tortillas.
6. Servir en un plato cuatro enchiladas agregar la salsa caliente cubrirlas, agregar queso y cebolla fileteada.
7. ¡A comer!

Enchiladas poblanas

⏰ 1 hora	👤 4 personas

- Una pechuga de pollo
- Dos chiles poblanos
- Media cebolla
- Dos dientes de ajo
- Sal y pimienta al gusto
- 500 ml de caldo de pollo
- 500 gr de tomate
- Dos cucharadas de aceite vegetal
- Cuatro chiles serranos
- Una rama de cilantro
- 250 gr de crema de leche
- Veinte piezas de tortillas de maíz
- 250 gr de queso manchego

1. Los chiles poblanos lavados y secos, se ponen al fuego sobre un comal, cuando la piel se vea asada dar la vuelta al chile, asar todo el chile; apagar el fuego. Inmediatamente meter los chiles a una bolsa de plástico, reposar por una hora.
2. Sacar los chiles de la bolsa, limpiarlos desprendiendo la piel asada; abrir el chile con un cuchillo unos tres centímetros, por un lado, con una cuchara sacar las semillas, llevar al chorro el agua para limpiar el chile.
3. En un tazón con dos tazas de agua y una cucharada de sal, meter los chiles limpios a desflemar por una hora (solo si se quiere quitar el picor).
4. En una olla poner un litro de agua, la pechuga de pollo con un ajo y un cuarto de cebolla, llevar a cocción por treinta

Plato fuerte | 71

minutos a fuego medio. Al término, apagar el fuego, dejar enfriar y desmenuzar la pechuga. Reservar.
5. Llevamos al fuego en una olla con una taza de agua los tomates, chiles serranos, un cuarto de cebolla y un ajo hasta hervir, apagar el fuego y reposar por 10 minutos.
6. Moler en la licuadora, los tomates, ajo, cebolla, chile serrano, chile poblano, la rama de cilantro, sal al gusto, crema de leche, con el agua que se realizó la cocción, hasta obtener una salsa homogénea.
7. Llevar al fuego una olla con una cucharada de aceite, verter la salsa sobre un colador de malla fina, freír por 10 minutos; agregar el caldo de pollo, cocinar a fuego bajo dejar hasta que suelte el hervor y se espece la salsa.
8. Cada tortilla caliente rellenarla con la pechuga de pollo desmenuzada, enrollarla a modo de taco, poner todos los tacos en un refractario, cubrir las tortillas con la salsa y agregarle el queso rallado.
9. Llevar al horno a 180 grados durante quince minutos.
10. Servir en un plato cuatro enchiladas agregar más queso y cebolla fileteada.
11. Disfrutar.

Entomatadas con pollo

🕐 1 hora　　　　👤 4 personas

- Una pechuga de pollo
- Media cebolla
- Dos dientes de ajo
- Sal y pimienta al gusto
- 500 ml de caldo de pollo
- 500 gr de jitomate
- Tres chiles serranos
- Dos cucharadas de aceite vegetal
- 250 gr de crema de leche
- 20 piezas de tortillas de maíz
- 250 gr de queso panela

1. En una olla poner un litro de agua, la pechuga de pollo con un ajo y un cuarto de cebolla, llevar a cocción por treinta minutos a fuego medio. Al término, apagar el fuego, dejar enfriar y desmenuzar la pechuga. Reservar.
2. Llevamos al fuego en una olla con una taza de agua los jitomates, chiles serranos, un cuarto de cebolla y un ajo hasta hervir, apagar el fuego y reposar por 10 minutos.
3. Moler en la licuadora, los jitomates, ajo, cebolla, chile serrano, sal al gusto, crema de leche, con el agua que se realizó la cocción, hasta obtener una salsa homogénea.
4. Llevar al fuego una olla con una cucharada de aceite, verter la salsa sobre un colador de malla fina, freír por 10 minutos; agregar el caldo de pollo, cocinar a fuego bajo, dejar hasta que hierva y se espece la salsa.

Plato fuerte

5. Cada tortilla caliente rellenarla con la pechuga de pollo desmenuzada, enrollarla a modo de taco. Hacer este proceso con todas las tortillas.
6. Servir en un plato cuatro enchiladas agregar la salsa caliente cubrirlas, agregar queso rallado y cebolla fileteada.
7. Disfrutar.

Enfrijoladas con pollo

1 hora	4 personas

- 500 gr de frijoles peruanos o negros
- Una pechuga de pollo
- Una cebolla
- Dos dientes de ajo
- Sal y pimienta al gusto
- 500 ml de caldo de pollo
- Aceite vegetal el necesario
- Tres chiles guajillo
- Tres chiles pasillas
- 250 gr de crema de leche
- Una rama de epazote
- Un aguacate rebanado
- 20 piezas de tortillas de maíz
- 250 gr de queso panela

1. En una olla poner un litro de agua, la pechuga de pollo con un ajo y un cuarto de cebolla, llevar a cocción por treinta minutos a fuego medio. Al término, apagar el fuego, dejar enfriar y desmenuzar la pechuga. Reservar.
2. Los frijoles secos y limpios se ponen en remojo durante toda la noche con dos litros de agua.
3. Por la mañana, lavar al chorro de agua los frijoles y en una olla express, añadir un litro de agua agregar los frijoles, un ajo y un cuarto de cebolla, llevar a cocción, según el instructivo de tu olla express.
4. Retira la olla express del fuego y deja que se enfríe completamente. Destapa la olla express y añade una cucharada de aceite, epazote y sal, lleva la olla nuevamente al fuego hasta conseguir que hierva por diez minutos.

5. En una olla agregar una cucharada de aceite, llevar a fuego lento, añadir un cuarto de cebolla y un ajo picado, sofríe hasta que la cebolla esté transparente y el ajo aromatice, agregar los chiles enteros sin semillas a dorar por dos minutos. Añadir los frijoles con el caldo, llevar a hervir durante diez minutos. Apagar el fuego, dejar reposar.
6. Llevar a la licuadora los frijoles, chiles, cebolla y ajo, moler hasta obtener una consistencia homogénea. Verter la salsa en un tazón. Reservar.
7. En un sartén con aceite freír las tortillas sin dejar que se doren, inmediatamente sumergir las tortillas fritas en la salsa de frijoles, una vez que estén cubiertas ponerlas en un plato y rellenarlas con pollo desmenuzado, enrollarlas, cuatro por cada comensal. Agregar más salsa, decorar con crema, queso rallado. cebolla fileteada y rebanadas de aguacate.
8. Disfrutar.

Huazontles

| ⏰ 1 hora | 👤 4 personas |

- Un kilo de huazontles
- 500 gr de mole almendrado
- 250 gr de queso panela
- Cinco huevos separar yemas de claras
- 100 gr de harina de trigo
- Aceite vegetal el necesario
- Agua la necesaria
- Sal al gusto
- 100 ml de caldo de pollo

1. Los huazontles se limpian rama por rama, se quita el tallo, dejar las hojas y los tallos tiernos.
2. Ya limpios se ponen en un escurridor al chorro de agua por tres minutos, mover con frecuencia, drenar el exceso de agua.
3. En una olla grande con abundante agua ponemos los huazontles, llevamos la olla al fuego medio, cuando empiece a hervir, dejamos la cocción por quince minutos. Apagar el fuego, dejar enfriar, drenar el exceso de agua. Reservar.
4. El mole se hidrata con el caldo de pollo, mezclamos hasta integrar. En una olla ponemos una cucharada de aceite, lo ponemos a fuego lento y agregamos el mole hidratado, moviendo con frecuencia, cuando suelte el hervor, seguimos la cocción por diez minutos, sin dejar de remover. Solo si se quiere quitar el picor del mole se agrega una tablilla de chocolate de mesa.

Plato fuerte | 77

5. En un tazón mezclamos las claras de huevo, batir hasta punto de nieve, se puede usar batidora, incorporar las yemas en forma envolvente. Reservamos.
6. Cortar el queso panela en cubos medianos. Reservamos.
7. Con los huazontles formar tortitas poniendo un cubo de queso al centro, oprime muy fuerte la tortita para extraer el exceso de agua.
8. La harina de trigo se extiende en una charola, cubrir cada tortita con harina.
9. En un sartén ponemos aceite llevar al fuego para freír, tomanos una tortita de huazontle bien drenada y enharinada, la pasamos por el huevo, la bañamos bien y la ponemos de inmediato en el sartén a freír, después de dos minutos volteamos la tortita, para que se fría por ambos lados, a que quede dorada. Freír todas las tortitas.
10. Sacar cada tortita del aceite y ponerlas sobre toallas de papel absorbente, para eliminar el exceso de grasa.
11. Tomar la olla del mole llevarla nuevamente al fuego bajo, agregamos las tortitas de huazontle, dejamos hervir por diez minutos, verificamos, si falta agua agregamos media taza de agua hervida o caldo de pollo, seguir con la cocción. Apagar.
12. Servir con arroz y frijoles.

Chiles rellenos con queso capeados

1 hora   4 personas

- 200 gr de queso panela
- 200 gr de queso manchego
- Media cebolla
- Dos dientes de ajo
- Sal y pimienta al gusto
- Un litro de agua
- 500 gr de jitomate
- 100 ml de aceite vegetal
- Cuatro chiles poblanos grandes
- Cuatro huevos separar claras de yemas
- 50 gr de harina de trigo

1. Los chiles poblanos lavados y secos, se ponen al fuego sobre un comal, cuando la piel se vea asada dar la vuelta al chile, asar todo el chile; apagar el fuego. Inmediatamente meter los chiles a una bolsa de plástico, poner encima un trapo de cocina humedecido en agua caliente, reposar por una hora.
2. Sacar los chiles de la bolsa, limpiarlos desprendiendo la piel asada; abrir el chile con un cuchillo unos tres centímetros, por un lado, con una cuchara sacar las semillas, llevar al chorro el agua para limpiar el chile.
3. En un tazón con dos tazas de agua y una cucharada de sal, meter los chiles limpios a desflemar por una hora (solo si se quiere quitar el picante).
4. En un tazón limpio y seco poner las claras de huevo, con un tenedor batir vigorosamente hasta alcanzar punto de nieve

Plato fuerte

(usar batidora); agregar las yemas, continuar batiendo en forma envolvente hasta integrar las yemas. Reservar.
5. Cortar en rebanadas el queso panela y el queso manchego.
6. Los chiles limpios y secos se rellenan con los dos tipos de queso. Reservar.
7. La harina colocarla extendida sobre un plato plano y cubrir cada chile muy bien de harina.
8. En un sartén poner aceite y llevar al fuego; teniendo el chile enharinado lo pasamos por el huevo, lo impregnamos y lo ponemos de inmediato a freír en el sartén; después de dos minutos, volteamos el chile, para que se fría por todos lados; seguir el mismo proceso con cada chile.
9. Al sacar el chile del sartén, ponerlo sobre papel absorbente. Reservar.
10. En la licuadora poner medio litro de agua, el jitomate, la cebolla y el ajo, licuar hasta obtener una salsa homogénea. Pasar la salsa sobre un colador.
11. En una olla con una cucharada de aceite poner la salsa de jitomate a freír; cuando suelte el hervor agregar uno a uno los chiles, dejar en cocción por 20 minutos. Verificar cocción y sal, si es necesario agregar más agua, cocinar cinco minutos más.
12. Servir con arroz.

Chiles rellenos con queso sin capear

1 hora	4 personas

- 100 gr de queso panela
- 100 gr de queso manchego
- Medio litro de agua
- Cuatro chiles poblanos
- Sal al gusto
- Medio litro de vinagre de manzana
- 100 gr de frijoles refritos

1. Los chiles poblanos lavados y secos, se ponen al fuego sobre un comal, asar todo el chile hasta que se vea tostado. Inmediatamente meter los chiles a una bolsa de plástico, poner encima un trapo humedecido en agua caliente, reposar por una hora.
2. Sacar los chiles de la bolsa, limpiarlos desprendiendo la piel asada; abrir el chile con un cuchillo unos tres centímetros, por un lado, con una cuchara sacar las semillas, llevar al chorro el agua para limpiar el chile.
3. En un tazón con dos tazas de agua y una cucharada de sal, meter los chiles limpios a desflemar por una hora (solo si se quiere quitar el picante).
4. Poner en una olla el vinagre y el agua, llevar al fuego hasta que hierva, agregar los chiles, cocción por cinco minutos. Apagar el fuego, dejar reposar diez minutos.
5. Sacar los chiles del vinagre, secarlos con un lienzo limpio.
6. Cortar en rebanadas el queso panela y el queso manchego.
7. Los chiles limpios y secos se rellenan con los dos tipos de queso y con los frijoles refritos. Servir en un plato con arroz.

Plato fuerte

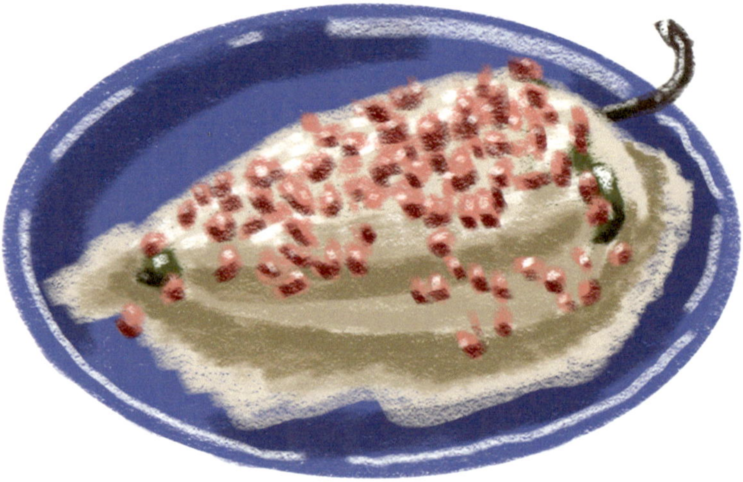

Chiles en nogada vegetarianos

⏰ 1 hora	👤 6 personas

- Seis chiles poblanos grandes
- Dos manzanas
- Dos peras
- Dos duraznos
- Un plátano macho
- 50 gr de pasas
- 50 gr de arándanos
- 50 gr de nuez
- 50 gr de almendras
- 250 ml crema para batir
- 250 gr de queso crema
- 250 gr de nuez de castilla
- Una granada
- Una rama de perejil
- Dos cucharadas de aceite de oliva

1. Los chiles poblanos lavados y secos, se ponen al fuego sobre un comal, cuando la piel se vea asada dar la vuelta al chile, asar todo el chile; apagar el fuego. Inmediatamente meter los chiles a una bolsa de plástico, poner encima un trapo de cocina humedecido en agua caliente, reposar por una hora.
2. Sacar los chiles de la bolsa, limpiarlos desprendiendo la piel asada; abrir el chile con un cuchillo unos tres centímetros, por un lado, con una cuchara sacar las semillas, llevar al chorro el agua para limpiar el chile.
3. En un tazón con dos tazas de agua y una cucharada de sal, meter los chiles limpios a desflemar por una hora (solo si se quiere quitar el picante).

Plato fuerte | 83

4. Para hacer el relleno se cortan en cubitos la manzana, pera, durazno, plátano. En un sartén poner la fruta con las pasas, arándanos, nueces y almendras, mezclar. Llevar a fuego lento, agregar dos cucharadas de aceite de oliva. Tapar y tener en cocción por veinte minutos. Apagar el fuego, dejar enfriar. Rellena cada chile con la fruta. Reservar.
5. En la licuadora poner la crema para batir, el queso y la nuez de Castilla, moler hasta tener una mezcla homogénea. Reservar.
6. Abrir la granada y con cuidado sacar cada granito, ponerlo en un tazón. Reservar
7. Lavar y desinfectar el perejil, cortar pequeños ramitos. Reservar
8. En un plato se coloca un chile relleno de frutas, se baña con la nogada, se adorna con la granada y una ramita de perejil.
9. A disfrutar.

Chiles anchos secos rellenos con queso capeados

🕐 1 hora	👤 4 personas

- 200 gr de queso panela
- 200 gr de queso manchego
- Media cebolla
- Dos dientes de ajo
- Sal y pimienta al gusto
- Un litro de agua
- 500 gr de jitomate
- 100 ml de aceite vegetal
- Cuatro chiles anchos secos
- Cuatro huevos separar claras de yemas
- 50 gr de harina de trigo

1. Poner a remojar los chiles anchos en agua tibia durante quince minutos. Sacar los chiles del agua, abrir el chile con un cuchillo unos tres centímetros por un lado, con una cuchara sacar las semillas, llevar al chorro el agua para limpiar el chile.
2. En un tazón con dos tazas de agua y una cucharada de sal, meter los chiles limpios a desflemar por una hora (solo si se quiere quitar el picante).
3. En un tazón limpio y seco poner las claras de huevo, con un tenedor batir vigorosamente hasta alcanzar punto de nieve (usar batidora); agregar las yemas, continuar batiendo en forma envolvente hasta integrar las yemas. Reservar.
4. Cortar en rebanadas el queso panela y el queso manchego.
5. Los chiles limpios y secos se rellenan con los dos tipos de queso. Reservar.
6. La harina colocarla extendida sobre un plato plano y cubrir cada chile muy bien de harina.

Plato fuerte

7. En un sartén poner aceite y llevar al fuego; teniendo el chile enharinado lo pasamos por el huevo, lo impregnamos y lo ponemos de inmediato a freír en el sartén; después de dos minutos, volteamos el chile, para que se fría por todos lados; seguir el mismo proceso con cada chile.
8. Al sacar el chile del sartén, ponerlo sobre papel absorbente. Reservar.
9. En la licuadora poner con un litro de agua, el jitomate, la cebolla y el ajo, licuar hasta obtener una salsa homogénea. Pasar la salsa sobre un colador.
10. En una olla con una cucharada de aceite poner la salsa de jitomate a freír; cuando suelte el hervor agregar uno a uno los chiles, dejar en cocción por 20 minutos. Verificar cocción y sal, si es necesario agregar media taza de agua, cocinar cinco minutos más.
11. Servir con arroz.

Nopalitos cambray en salsa verde

⏱ 1 hora	👤 4 personas

- Diez y seis nopalitos cambray
- Una rama de cilantro
- 100 gr de queso panela
- 100 gr de queso manchego
- Cuatro huevos separar la clara de la yema
- 50 gr de harina de trigo

- 500 gr de tomate
- Tres chiles serranos
- Dos trozos de cebolla
- Un diente de ajo
- Aceite vegetal el necesario
- Un litro de agua
- Sal al gusto

1. Los nopales se lavan y se secan, enteros se colocan en una olla con cebolla, ajo, cilantro y media taza de agua; llevar al fuego bajo hasta hervir, dejar cocción por diez minutos, apagar el fuego y dejar enfriar.
2. Quitar el exceso de agua con un colador, dejar escurrir por cinco minutos. Reservar.
3. Lavar los tomates, chiles serranos, ajo, y cebolla, ponerlos en una olla con una taza de agua llevarlos al fuego bajo hasta hervir, permitir la cocción por tres minutos; apagar el fuego. Dejar enfriar, mínimo diez minutos.
4. Llevar a la licuadora los tomates, chiles, ajo, cebolla, cilantro fresco; moler hasta tener una salsa homogénea. Reservar.
5. En un tazón limpio y seco poner las claras de huevo, con un tenedor batir vigorosamente hasta alcanzar punto de

Plato fuerte | 87

nieve (usar batidora); agregar las yemas, continuar batiendo en forma envolvente hasta integrar las yemas. Reservar.
6. Cortar en rebanadas el queso panela y el queso manchego.
7. Los nopalitos limpios y secos se rellenan con una rebanada de cada tipo de queso, en medio de dos nopalitos, como un emparedado. Reservar.
8. La harina colocarla extendida sobre un plato plano y cubrir cada nopalito muy bien de harina.
9. En un sartén poner aceite y llevar al fuego; teniendo el nopalito enharinado lo pasamos por el huevo, lo impregnamos y lo ponemos de inmediato a freír en el sartén; después de dos minutos, volteamos el nopalito, para que se fría por todos lados; seguir el mismo proceso con cada nopalito.
10. Colocar cada nopalito sobre papel absorbente.
11. Colar la salsa, agregarla a una olla, con una cucharada de aceite, llevarla al fuego bajo; cuando suelte el hervor agregar los nopalitos dejar en cocción por diez minutos. Verificar cocción si es necesario agregar media taza de agua, dejar por 10 minutos más al fuego.
12. Servir con arroz y frijoles.

Coliflor capeada en salsa verde

🕐 1 hora   👤 4 personas

- Una cabeza de coliflor
- 250 gr de queso panela
- Cinco huevos separar yemas de claras
- 100 gr de harina de trigo
- Aceite vegetal el necesario
- Agua la necesaria
- Sal al gusto
- 500 gr de tomate
- Tres chiles serranos
- Un cuarto de cebolla
- Un diente de ajo
- Una rama de cilantro
- 250 ml de caldo de pollo

1. Limpiar la coliflor, cortar racimos grandes, ponerla en una olla con dos litros de agua, llevar al fuego bajo a hervir por diez minutos. Reservar.
2. En una olla con una taza de agua llevar al fuego, añadir los tomates, chiles, ajo y cebolla, por diez minutos, hasta que cambien de color los tomates y chiles. Apagar y dejar enfriar.
3. Llevar a la licuadora los tomates, chiles, cilantro, cebolla, ajo con el agua de la cocción. Moler hasta conseguir una consistencia homogénea.
4. Llevar al fuego una olla con una cucharada de aceite, verter la salsa sobre un colador de malla fina, freír por 10 minutos; agregar el caldo de pollo, cocinar a fuego bajo, dejar hasta que hierva. Reservar.
5. En un tazón mezclamos las claras de huevo, batir hasta punto de nieve, usar batidora, incorporar las yemas en forma

Plato fuerte | 89

envolvente. Reservamos.
6. Cortar el queso panela en cubos medianos. Reservamos.
7. La harina de trigo se extiende en una charola, tomamos los racimos grandes de coliflor, entrelazamos el queso y los pasamos sobre la harina.
8. En un sartén ponemos aceite llevar al fuego para freír, tomar un racimo de coliflor bien drenada y enharinada, la pasamos por el huevo, la bañamos bien y la ponemos de inmediato en el sartén a freír, después de dos minutos volteamos la coliflor, para que se fría por ambos lados, a que quede dorada. Freír todos los racimos de coliflor.
9. Sacar cada racimo de coliflor del aceite y ponerlos sobre toallas de papel absorbente, para eliminar el exceso de grasa.
10. La olla con la salsa, la ponemos al fuego si espeso, le agregamos media taza de caldo o agua, cuando suelte el hervor, agregar los racimos de coliflor, cocción por diez minutos.
11. Servir con arroz y frijoles.

Tamales

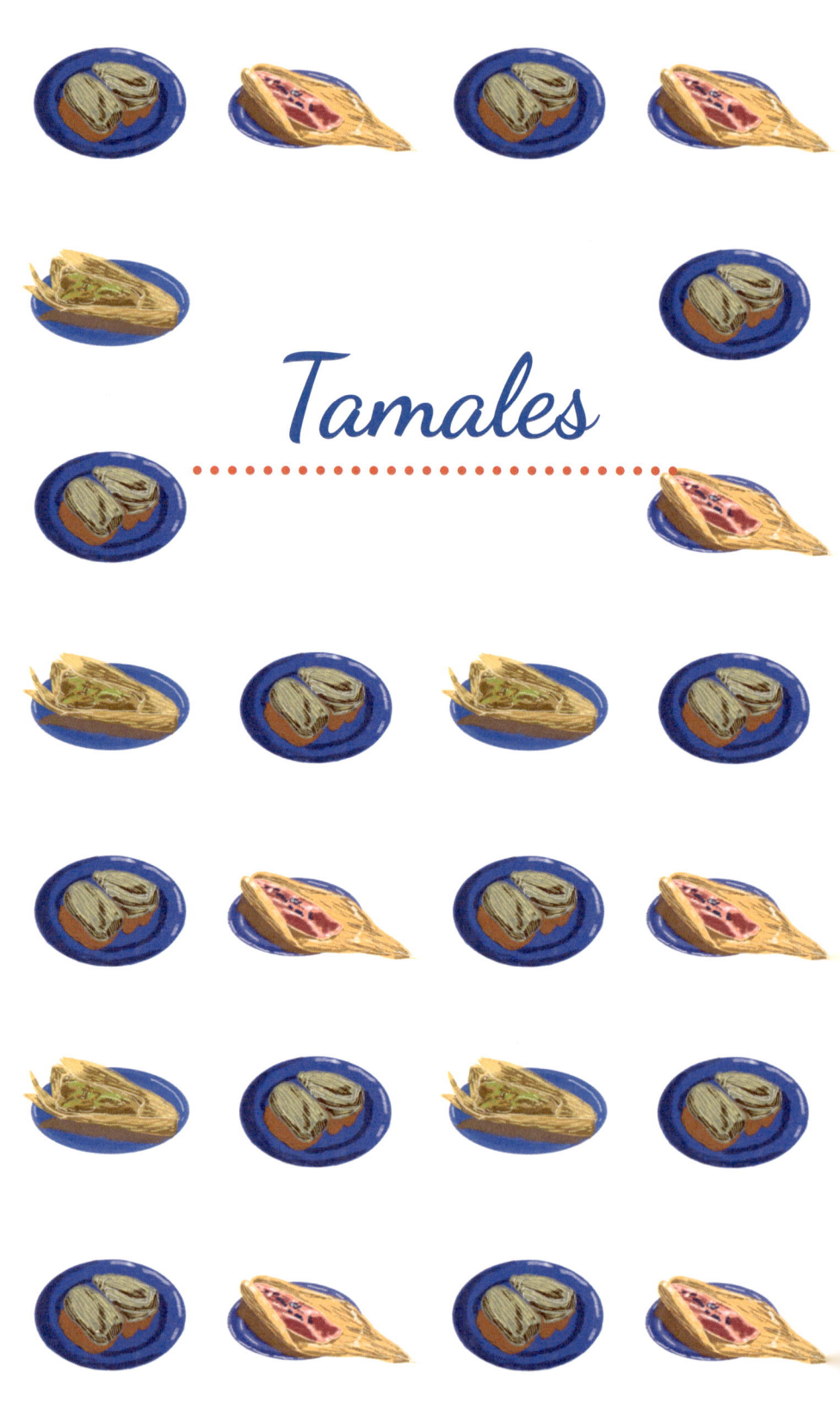

Tamales de mole

🕐 1 hora y media | 👤 10 personas

- Un kilo de harina de maíz nixtamalizado
- Treinta hojas de maíz cacahuacintle
- Una pechuga de pollo
- 250 gr de mole almendrado
- Dos cucharadas de aceite
- 250 gr de manteca de cerdo
- Una cucharada de polvo para hornear
- Un litro de caldo de pollo
- Sal al gusto

1. Lavar al chorro del agua, cada hoja de maíz y ponerlas a remojar en agua caliente por treinta minutos. Reservar.

Para el relleno:

2. Poner en una olla a hervir con un litro de agua, la pechuga de pollo con cebolla y ajo durante treinta minutos aproximadamente. Apagar y reservar.
3. El mole hidratarlo con medio litro de caldo de pollo, mezcla hasta integrar. Reservar.
4. Una vez cocida la carne, quitarle la piel, el exceso de grasa, y deshebrar. Reservar.
5. En una olla ponemos una cucharada de aceite, llevamos al fuego lento agregando el mole, moviendo con frecuencia, cuando suelte hervor seguir a cocción por diez minutos sin dejar de mover.
6. Incorporar la carne deshebrada al mole integrar con movimientos suaves. Reservar.

Para la masa:
7. En un tazón batir la manteca con batidora o a mano, a que esponje y duplique su tamaño, aproximadamente durante quince minutos . Reservar.
8. En otro tazón poner la harina para tamales, con el polvo para hornear, sal al gusto y el medio litro de caldo de pollo, mezcla solamente para hidratar.
9. En el tazón de la manteca ir añadiendo la masa anterior y batir durante treinta minutos o hasta que cuando al poner una bolita de masa flote en un vaso de agua.

Para el armado:
10. Poner dos cucharadas de masa extendidas sobre la hoja de maíz y añadir una cucharada de pollo con mole. Se procede a doblar la hoja de maíz a modo rectangular, asegurando que la masa envuelva completamente el relleno, cerramos el tamal sobreponiendo cada lado de la hoja y la punta doblada hacia arriba. Repetimos el procedimiento con todos los tamales.
11. En una olla vaporera agregamos agua la necesaria, hasta la marca de la olla, colocamos la rejilla, la llevamos al fuego, cuando empiece a hervir, colocamos los tamales dentro de la olla de manera vertical, las hojas de maíz que sobran las colocamos sobre los tamales también colocamos una bolsa de plástico que cubra completamente la olla, al final le ponemos la tapa a la olla. Dejamos la cocción durante aproximadamente cuarenta minutos.
12. Revisar la cocción, sacando un tamal con unas pinzas, ponerlo en un plato, si el tamal se desprende fácilmente de la hoja, está listo. Si la masa se pega a la hoja, continuar la cocción durante quince o veinte minutos. Apagar al fuego.
13. Disfrutar los tamales.

Tamales de rajas

🕐 1 hora y media | 👤 10 personas

- Un kilo de harina de maíz nixtamalizado
- Treinta hojas de maíz cacahuacintle
- 500 gr de queso manchego
- Un cuarto de cebolla
- Dos cucharadas de aceite
- 250 gr de manteca de cerdo
- Una cucharada de polvo para hornear
- Medio litro de caldo de pollo
- Cinco chiles poblanos
- Sal al gusto

1. Lavar al chorro del agua, cada hoja de maíz y ponerlas a remojar en agua caliente por treinta minutos. Reservar.
   Para el relleno:
2. Los chiles poblanos lavados y secos, se ponen al fuego sobre un comal, cuando la piel se vea asada dar la vuelta al chile, asar todo el chile; apagar el fuego. Inmediatamente meter los chiles a una bolsa de plástico, poner encima un trapo de cocina humedecido en agua caliente, reposar por media hora.
3. Sacar los chiles de la bolsa, limpiarlos desprendiendo la piel asada; abrir el chile con un cuchillo unos tres centímetros, por un lado, con una cuchara sacar las semillas, llevar al chorro el agua para limpiar el chile.
4. En un tazón con dos tazas de agua y una cucharada de sal, meter los chiles limpios a desflemar por una hora (solo si se quiere quitar el picante).

5. Cortar los chiles longitudinalmente a formar rajas, agregarlos a un sartén donde previamente le pusimos aceite y cebolla picada, freír por cinco minutos añadir media taza de agua, cocinar por quince minutos más. Apagar el fuego y reservar.
6. Cortar el queso manchego en cubos. Reservar.

Para la masa:
7. En un tazón batir la manteca con batidora o a mano, a que esponje y duplique su tamaño, aproximadamente durante quince minutos. Reservar.
8. En otro tazón poner la harina para tamales, con el polvo para hornear, sal al gusto y el medio litro de caldo de pollo, mezcla solamente para hidratar.
9. En el tazón de la manteca ir añadiendo la masa anterior y batir durante treinta minutos o hasta que cuando al poner una bolita de masa flote en un vaso de agua.

Para el armado:
10. Poner dos cucharadas de masa extendidas sobre la hoja de maíz y añadir una cucharada de rajas y cuatro o cinco cubos de queso. Se procede a doblar la hoja de maíz a modo rectangular, asegurando que la masa envuelva completamente el relleno, cerramos el tamal sobreponiendo cada lado de la hoja y la punta doblada hacia arriba. Repetimos el procedimiento con todos los tamales.
11. En una olla vaporera agregamos agua la necesaria, hasta la marca de la olla, colocamos la rejilla, la llevamos al fuego, cuando empiece a hervir, colocamos los tamales dentro de la olla de manera vertical, las hojas de maíz que sobran las colocamos sobre los tamales también colocamos una bolsa de plástico que cubra completamente la olla, al final le ponemos la tapa a la olla. Dejamos la cocción durante aproximadamente cuarenta minutos.

12. Revisar la cocción, sacando un tamal con unas pinzas, ponerlo en un plato, si el tamal se desprende fácilmente de la hoja, está listo. Si la masa se pega a la hoja, continuar la cocción durante quince o veinte minutos. Apagar al fuego. Disfrutar los tamales.

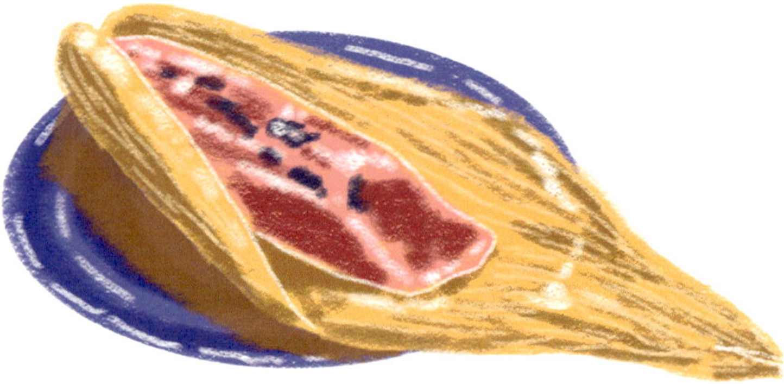

Tamales de dulce

🕐 1 hora y media　　👤 10 personas

- Un kilo de harina de maíz nixtamalizado
- Treinta hojas de maíz cacahuacintle
- 250 gr de mantequilla
- Una cucharada de polvo para hornear
- Media cucharada de sal
- Una cucharada de anís estrella
- Diez cáscaras de tomate limpias
- 250 ml de leche condensada
- 250 ml de leche evaporada
- 100 gr de pasas
- 100 gr de azúcar
- Una taza de agua
- Tres gotas de colorante vegetal rosa opcional

1. Lavar al chorro del agua, cada hoja de maíz y ponerlas a remojar en agua caliente por treinta minutos. Reservar.
2. En una olla poner una taza de agua, llevar al fuego, agregar el anís estrella y las cáscaras de tomate, mantener la cocción durante quince minutos.
   Para la masa:
3. En un tazón batir la mantequilla con batidora o a mano, a que esponje y duplique su tamaño, aproximadamente durante quince minutos . Reservar.
4. En otro tazón poner la harina para tamales, con el polvo para hornear, sal, tres cucharadas de agua de anís, la leche

condensada y la leche evaporada, al final añadir el azúcar mezcla muy bien hasta integrar.
5. En el tazón de la mantequilla ir añadiendo la masa anterior y batir durante treinta minutos o hasta que cuando al poner una bolita de masa flote en un vaso de agua. Agregar las pasas, mezclar. Si deseas utilizar el colorante rosa vegetal, es el momento de aplicarlo a la masa, mezclar muy bien para que el color quede uniforme.

Para el armado:
6. Poner dos cucharadas de masa extendidas sobre la hoja de maíz. Se procede a doblar la hoja de maíz a modo rectangular, cerramos el tamal sobreponiendo cada lado de la hoja y la punta doblada hacia arriba. Repetimos el procedimiento con todos los tamales.
7. En una olla vaporera agregamos agua la necesaria, hasta la marca de la olla, colocamos la rejilla, la llevamos al fuego, cuando empiece a hervir, colocamos los tamales dentro de la olla de manera vertical, las hojas de maíz que sobran las colocamos sobre los tamales también colocamos una bolsa de plástico que cubra completamente la olla, al final le ponemos la tapa a la olla. Dejamos la cocción durante aproximadamente cuarenta minutos.
8. Revisar la cocción, sacando un tamal con unas pinzas, ponerlo en un plato, si el tamal se desprende fácilmente de la hoja, está listo. Si la masa se pega a la hoja, continuar la cocción durante quince o veinte minutos. Apagar al fuego.
9. Disfrutar los tamales.

Tamales de frijol

⏲ 1 hora y media	👤 10 personas

- Un kilo de harina de maíz nixtamalizado
- Treinta hojas de maíz cacahuacintle
- 250 gr de manteca de cerdo
- Sal al gusto
- Una cucharada de polvo para hornear
- 500 ml de caldo de pollo
- 250 gr de frijoles refritos o ayocotes

1. Lavar al chorro del agua, cada hoja de maíz y ponerlas a remojar en agua caliente por treinta minutos. Reservar.

Para el relleno:
2. Poner en remojo los frijoles o ayocotes un día antes.
3. Al día siguiente poner a cocción los frijoles o ayocotes con agua y un trozo de cebolla, pueden usar olla exprés.
4. Ya cocidos los frijoles, retirar el exceso de agua, reservar media taza del caldo de la cocción.
5. Los frijoles se muelen en la licuadora o en un procesador de alimentos con media taza de caldo de frijoles.
6. En un sartén colocar una cucharada de manteca de cerdo o de aceite y freír los frijoles, sazonar con sal, dividir esta masa de frijol en dos partes. Reservar.

Para la masa:
7. En un tazón batir la manteca con batidora o a mano, a que

esponje y duplique su tamaño, aproximadamente durante quince minutos . Reservar.
8. En otro tazón poner la harina para tamales, con el polvo para hornear, sal al gusto y el caldo de pollo, mezcla solamente para hidratar.
9. En el tazón de la manteca añadir la masa anterior y batir durante treinta minutos o hasta que al poner una bolita de masa en un vaso de agua, ésta flote.
10. La masa anterior se divide en dos, la primera parte se extiende para formar un cuadrado de 30 X 30 cm aproximadamente sobre una charola o sobre la mesa de trabajo limpia, debe ser de un centímetro de grosor, para que no se rompa la masa.
11. Sobre esa capa de masa extender la primera parte de frijoles refritos de un centímetro de grosor, aplanar un poco para unir.
12. Dividir a la mitad el cuadrado de masa con frijoles y enrollar con cuidado del centro hacia afuera, desde el extremo para formar un rollo, la masa debe quedar hacia fuera y el frijol hacia adentro.
13. Cuando se tenga un rollo de masa, debes rodarlo sobre la mesa, para tener un rollo más largo y marmoleado. Repetir el mismo proceso con la segunda parte de masa y frijoles que tenemos en espera.
14. Dividir el rollo en porciones de aproximadamente cinco centímetros. Reservar.

Para el armado:

15. Colocar cada porción de la masa con frijol en una hoja de tamal y enrollar con las manos, para que quede bien cerrado y apretado, enrolla la punta restante de la hoja de tamal con una vuelta y entiérrala en la parte inferior del tamal, frotar el tamal sobre la mesa para comprobar que no se desbarata la envoltura.

16. Hacer el mismo procedimiento con todas las porciones. Reservar.
17. En una olla vaporera agregamos agua la necesaria, hasta la marca de la olla, colocamos la rejilla, la llevamos al fuego, cuando empiece a hervir, colocamos los tamales dentro de la olla de manera vertical, las hojas de maíz que sobran las colocamos sobre los tamales también colocamos una bolsa de plástico que cubra completamente la olla, al final le ponemos la tapa a la olla. Dejamos la cocción durante aproximadamente cuarenta minutos.
18. Revisar la cocción, sacando un tamal con unas pinzas, ponerlo en un plato, si el tamal se desprende fácilmente de la hoja, está listo. Si la masa se pega a la hoja, continuar la cocción durante quince o veinte minutos. Apagar al fuego.
19. Estos riquísimos tamales sirven para acompañar comidas picantes como el mole.

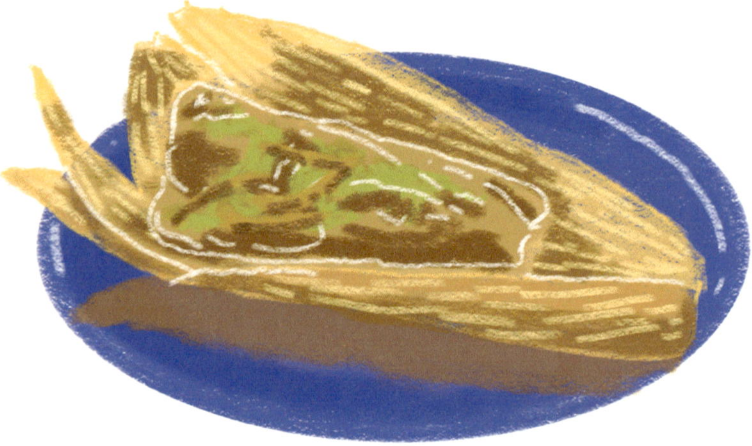

Tamales verdes

🕐 1 hora y media | 👤 10 personas

- Un kilo de harina de maíz nixtamalizado
- Treinta hojas de maíz cacahuacintle
- Una pechuga de pollo
- 500 gr de tomate
- Cinco chiles serranos
- Un cuarto de cebolla
- Un diente de ajo
- Una rama de cilantro
- Dos cucharadas de aceite
- 250 gr de manteca de cerdo
- Una cucharada de polvo para hornear
- Medio litro de caldo de pollo
- Sal al gusto

1. Lavar al chorro del agua, cada hoja de maíz y ponerlas a remojar en agua caliente por treinta minutos. Reservar.

Para el relleno:

2. Poner en una olla a hervir con un litro de agua, la pechuga de pollo con cebolla y ajo durante treinta minutos aproximadamente. Apagar y reservar.
3. En una olla hervir con una taza de agua los tomates, chiles, cebolla, ajo, hasta que los tomates cambien de color. Reservar.
4. Una vez cocida la carne, quitarle la piel, el exceso de grasa, y deshebrar. Reservar.
5. Llevar a la licuadora los tomates, chiles, cebolla y ajo moler con el agua de la cocción hasta conseguir una consistencia homogénea.

6. En una olla con una cucharada de aceite freír la salsa anterior durante cinco minutos agregar el pollo deshebrado y continuar la cocción por diez minutos más, Dejarlo enfriar.

Para la masa:

7. En un tazón batir la manteca con batidora o a mano, a que esponje y duplique su tamaño, aproximadamente durante quince minutos. Reservar.
8. En otro tazón poner la harina para tamales, con el polvo para hornear, sal al gusto y el medio litro de caldo de pollo, mezcla solamente para hidratar.
9. En el tazón de la manteca ir añadiendo la masa anterior y batir durante treinta minutos o hasta que cuando al poner una bolita de masa flote en un vaso de agua.

Para el armado:

10. Poner dos cucharadas de masa extendidas sobre la hoja de maíz y añadir una cucharada de pollo con salsa. Se procede a doblar la hoja de maíz a modo rectangular, asegurando que la masa envuelva completamente el relleno, cerramos el tamal sobreponiendo cada lado de la hoja y la punta doblada hacia arriba. Repetimos el procedimiento con todos los tamales.
11. En una olla vaporera agregamos agua la necesaria, hasta la marca de la olla, colocamos la rejilla, la llevamos al fuego, cuando empiece a hervir, colocamos los tamales dentro de la olla de manera vertical, las hojas de maíz que sobran las colocamos sobre los tamales también colocamos una bolsa de plástico que cubra completamente la olla, al final le ponemos la tapa a la olla. Dejamos la cocción durante aproximadamente cuarenta minutos.
12. Revisar la cocción, sacando un tamal con unas pinzas, ponerlo en un plato, si el tamal se desprende fácilmente de la hoja, está listo. Si la masa se pega a la hoja, continuar la cocción durante quince o veinte minutos. Apagar al fuego. Disfrutar.

Postres

Dulce de zapote

Quince minutos | 4 personas

- Dos zapotes
- 200 ml de jugo de naranja
- 75 gr de azucar

1. Lavar los zapotes, después quitar la piel y las semillas. Colocar la pulpa en un tazón, agregar el azucar, mover en forma envolvente, hasta integrar.
2. Al final verter el jugo de naranja suavemente, debe quedar cremoso, espeso el dulce.
3. Servir en dulceros dos o tres cucharadas grandes.
4. Disfrutar este rico dulce mexicano

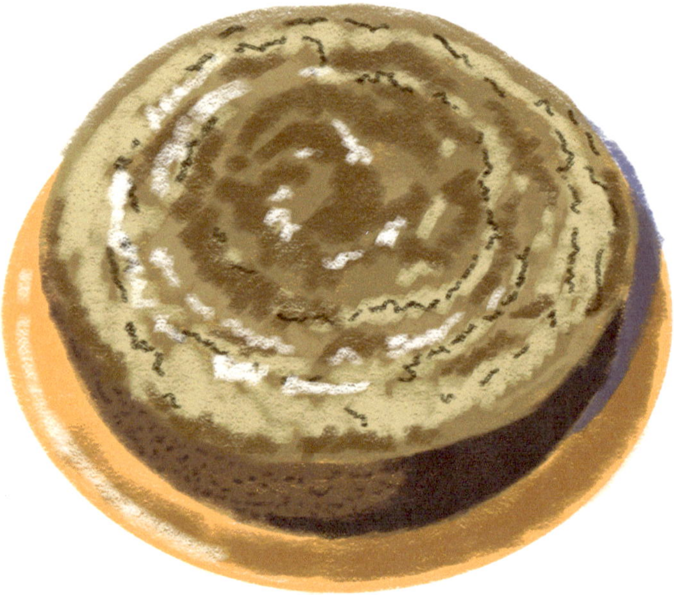

Panqué de naranja

⏲ 1 hora   👤 5 personas

- 300 gr de harina de trigo
- 250 ml de jugo de naranja fresco
- Ralladura de la piel de una naranja
- Una cucharada de polvo para hornear
- 75 ml de leche
- 100 gr de mantequilla
- 150 gr de azúcar
- Cuatro huevos
- 50 gr de azúcar glass

1. Precalentar el horno a 180 grados, engrasar y enharinar un molde para panque.
2. Lavar las naranjas con agua caliente, después rallar una naranja y exprimir el resto de las naranjas para obtener el jugo. Reservar.
3. Con la ayuda de un colador cernir la harina y el polvo para hornear sobre un tazón. Reservar.
4. Acremar la mantequilla en la batidora, cuando cambie de color y duplique su tamaño, agregar el azúcar, continuar batiendo hasta integrar, los huevos uno por uno se agregan a la masa hasta tener una mezcla homogenea, en este punto incorporar la ralladura y el jugo de naranja, al final agregar la harina con el polvo para hornear alternando con la leche, continuar batiendo suavemente hasta integrar todos los ingredientes.

Postres | 111

5. Verter la mezcla en el molde que ya preparamos engrasado con mantequilla y enharinado. Meter al horno durante cincuenta minutos. Posteriormente revisar con un palito de madera limpio la cocción, para hacerlo introducir el palillo al panque, debe salir totalmente limpio. Apagar el horno, mantener por diez minutos el panque en el horno.
6. Sacar el panqué del horno y dejar enfriar en el molde, para sacarlo introducir alrededor del molde un cuchillo para despegar el pan, poner un plato al tamaño del molde y darle la vuelta para desmoldar, dejar enfriar completamente.
7. Disfrutar con un café o un chocolate caliente.

Budín de elote

🕐 1 hora | 👤 4 personas

- Seis elotes desgranados
- Cuatro huevos
- 120 gr de mantequilla
- Una lata de leche condensada
- 60 gr de azucar
- Una cucharada de vainilla
- Un cucharada de polvo para hornear

1. Precalentar el horno a 180 grados, engrasar y enharinar un molde para panqué.
2. Retirar las hojas a los elotes y cortar los granos de maíz muy cerca de la mazorca.
3. En la licuadora moler los granos de elote con la leche condensada, dejar la mezcla un poco espesa, pero si es necesario agregar un poco de leche, para permitir obtener una masa homogénea.
4. Acremar la mantequilla en la batidora, cuando cambie de color y duplique su tamaño, agregar el azúcar, continuar batiendo hasta integrar, los huevos uno por uno se agregan a la masa junto con la vainilla hasta tener una mezcla homogenea, en este punto incorporar la mezcla de elote y la cucharada de polvo para hornear continuar batiendo suavemente todos los ingredientes.
5. Verter la mezcla en el molde que ya preparamos engrasado con mantequilla y enharinado. Meter al horno durante

Postres | 113

cincuenta minutos. Posteriormente revisar con un palito de madera limpio la cocción, para hacerlo introducir el palillo al panqué, debe salir totalmente limpio. Apagar el horno, mantener por diez minutos el panqué en el horno.

6. Sacar el panqué del horno y dejar enfriar en el molde, para sacarlo introducir alrededor del molde un cuchillo para despegar el pan, poner un plato al tamaño del molde y darle la vuelta para desmoldar, dejar enfriar completamente.

7. Disfrutar con un café o un chocolate caliente.

Dulce de tejocote

| Media hora | 4 personas |

- 500 gr de tejocotes
- Un raja de canela
- 5 gr de clavos de olor
- 5 gr de anís estrella
- 250 gr de azucar
- Agua la necesaria

1. Lavar los tejocotes, ponerlos en una olla con dos tazas de agua al fuego hasta hervir, apagar. Dejar enfriar.
2. Quitar la piel a cada tejocote y las semillas con cuidado, para no perder la forma esférica del tejocote.
3. En una olla poner dos tazas de agua, agregar los tejocotes ya sin piel ni semillas, agregar canela, anís estrella, clavo, cuando suelte el hervor poner el azúcar, dejar hervir a fuego bajo hasta que se consuma el agua y quede solo la miel, aproximadamente veinte minutos. Apagar.
4. Dejar enfriar totalmente, servir en dulceros cuatro o cinco piezas de tejocote con miel.
5. Disfrutar este rico dulce mexicano.

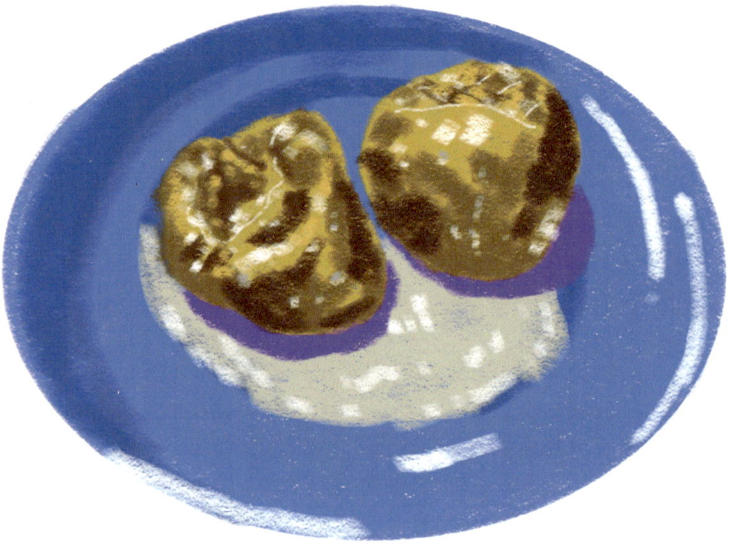

Manzanas al horno

| Media hora | 4 personas |

- 4 manzanas verdes o amarillas
- 10 gr de canela molida
- 75 gr de azúcar
- 20 gr de mantequilla
- papel encerado
- papel aluminio

1. Precalentar el horno a 180 grados.
2. Las manzanas se lavan y se secan, con cuidado se saca el corazón de la manzana, dejando el hueco en el centro.
3. En un tazón se mezcla el azúcar y la canela se rellenan las manzanas, al final se espolvorea más azucar y se coloca un cuadrito de mantequilla sobre las manzanas.
4. En un refractario cubierto con papel encerado se acomodan las manzanas y se cubren con papel aluminio para obtener una cocción uniforme y un caramelizado perfecto.
5. Introducir al horno precalentado el refractario con las manzanas durante treinta minutos, quitar el papel aluminio y mantener en el horno por diez minutos más.
6. Revisar las manzanas que deben tener un color dorado y estar suaves al tacto. Apagar el horno, mantener las manzanas en el horno, sacarlas antes de servir.
7. A disfrutar.

Dedicatoria

A mis queridos padres Alberto y Rosario, escribo pensando mucho en ustedes. Pensando en la vida familiar que crearon, que en este libro de Cien años Cien recetas, queda plasmada una pequeña parte de esa vida de compartir, sobre todo a la hora de comer lo preparado con Amor. Dios los bendijo, queridos padres con una forma de ser maravillosa, al enseñarme la Ley del Amor, esa entrega por los demás, aun en las cosas pequeñas de todos los días.

Gracias Padre, Madre por todo lo me han dado en esta vida. Muchas gracias por enseñarme a vivir. Gracias por compartir todos los días los alimentos con cariño. Gracias por ser la inspiración para escribir estas recetas que son el pretexto de convivir día a día en familia, en armonía, como ustedes nos dieron ejemplo de unión, y de amor. ¡GRACIAS!

Made in the USA
Columbia, SC
24 January 2025

b0aef3d4-dad6-459d-915f-514d6d9aff8bR01